新时代高校辅导员工作与专业化发展研究

杨真◎著

北京燕山出版社

图书在版编目（CIP）数据

新时代高校辅导员工作与专业化发展研究 / 杨真著
. -- 北京：北京燕山出版社，2023.7
ISBN 978-7-5402-7010-0

Ⅰ.①新… Ⅱ.①杨… Ⅲ.①高等学校—辅导员—工作—研究 Ⅳ.① G645.1

中国国家版本馆 CIP 数据核字 (2023) 第 135765 号

新时代高校辅导员工作与专业化发展研究

著者：杨真
责任编辑：战文婧
封面设计：沈莹
出版发行：北京燕山出版社有限公司
社址：北京市西城区椿树街道琉璃厂西街 20 号
邮编：100052
电话：86-10-65240430（总编室）
印刷：天津和萱印刷有限公司
成品尺寸：170 mm × 240 mm
字数：153 千字
印张：8.5
版别：2024 年 5 月第 1 版
印次：2024 年 5 月第 1 次印刷
ISBN：978-7-5402-7010-0
定价：58.00 元

作者简介

- -

　　杨真，女，华南师范大学音乐学硕士，广东农工商职业技术学院讲师、思想政治辅导员，高校思想政治教育，国家高级创新创业指导师、国家心理咨询师，撰写、发表了与学生管理相关论文 19 篇，主持和参与科研教改课题 14 项，获 2018 年广东省辅导员年度人物"最具坚守辅导员"、2020 年主持课题获得"广东省第七届学生事务管理"精品项目、2021 年广东省辅导员年度人物入围奖等省级奖项 10 项，指导学生参加省级以上比赛获得"优秀指导老师"。

- -

前　言

高校辅导员作为大学生思想政治教育工作的骨干力量，其队伍建设已迈入职业化、专业化、专家化的轨道，但也面临着需要激励更多辅导员从被动专业化到主动专业化转变的问题。激发辅导员自主提升专业素养，实现专业发展的构想，将是当前和今后一段时间里，辅导员队伍职业化、专业化、专家化建设的突破点。高校要根据大学生的特点和教育规律，发挥辅导员和专业教师的优势，有效建立起以辅导员和专业教师为主体的协作机制，努力形成教育合力，全面提升大学生培养质量。本书以马克思主义理论为指导，深入解读了高校辅导员的专业化发展内涵，结合当前高校辅导员专业化发展的现状，对当前辅导员专业化发展中存在的问题及原因进行概括分析，并且探索辅导员专业化发展的要素，提出辅导员专业化发展结构与运行的方案，探索解决专业化发展的对策。

本书分为四章。第一章内容为高校辅导员工作，主要从两个方面内容来介绍，分别为高校辅导员制度的形成与意义、新时代高校辅导员的工作；第二章内容为高校辅导员专业化的现状分析，内容分为三个部分，分别为高校辅导员专业化的概述、高校辅导员专业化的发展、发达国家和地区学生管理工作的比较与借鉴；第三章内容为高校辅导员专业化发展的运行，内容分为三个部分，分别为高校辅导员专业化发展运行的要素、高校辅导员专业化发展运行的重点、高校辅导员专业化发展运行的条件；第四章内容为高校辅导员专业化发展的问题及建议，内容主要分为三个部分，分别为高校辅导员专业化发展的问题、优化辅导员的组织保障、辅导员专业化发展的创新与展望。

在撰写本书的过程中，作者得到了许多专家学者的帮助和指导，参考了大量的学术文献，在此表示真诚的感谢。本书内容尽可能地从多方面论述，但由于作者水平有限，书中难免会有疏漏之处，希望广大同行及时指正。

作　者

2021 年 12 月

目　　录

第一章　高校辅导员工作

高等教育改革的推进，一直将辅导员置于风口浪尖，给辅导员不同工作定向和不同发展角度的思考。本章内容为高校辅导员工作，主要从两个方面详细地介绍这部分内容，其一为高校辅导员制度的形成与意义，其二为新时代高校辅导员的工作。

第一节　高校辅导员制度的形成与意义

辅导员是高校进行大学生思想政治教育工作的中坚力量，对学生日常思想政治教育和日常管理等工作起到组织、实施和指导的作用。

高校辅导员制度是在党的领导下，为适应我国高等教育发展和思想政治教育需要，培养出"又红又专"、品学兼优、全面发展的社会主义合格建设者和可靠接班人而设立的。高校辅导员制度以立德树人为根本，以《中华人民共和国高等教育法》等相关法律法规为依据，赋予高校辅导员思想政治教育、管理和服务多种职能，对其配备选聘、发展培训、管理考核等方面作出具体规范，保障高校辅导员工作良好运行和队伍建设良好发展的一系列政策、文件、办法和规定的总和，具有政治性、人民性、科学性、实践性和发展性的特点。现阶段，高校辅导员制度包括一系列具体的工作制度。

一、高校辅导员制度的变迁历程

（一）萌芽和初创时期

我党政治指导制度始创于中国抗日军政大学，是我国高校辅导员制度的雏形。中华人民共和国成立后，为了有效落实高校培养目标，清华大学于1953年首先提出选拔"双肩挑"辅导员，即选拔德才兼备的高年级学生干部兼任辅导员的制度。此后，在"双肩挑"制度的推动下，1964年北京大学和清华大学作为教育部试点单位，设立政治部，同时设置政治辅导员或班主任。一年后，《关于政治辅导员工作条例》出台，象征着我国政治辅导员制度正式成形，明确了辅导员的主要职责是对大学生进行思想政治教育工作。1978年，新引入了政治顾问制度。1981年通过了《高等学校学生思想政治工作暂行规定》，明确了高校政治辅导员队伍的师资来源，即专任与兼职相结合，选拔具有高等教育水平和理论政治能力的高素质人才，但是对辅导员身份的定位不清晰。1982年，高校纷纷选留部分优秀毕业生作为专职辅导员。1984年，教育部调整了高校学科设置，设立了思想政治教育专业，为高校思想政治教育工作输送专业人才；同年11月，政府进一步对高校思政队伍建设的来源、要求、待遇及职业发展方向等方面提出了指导性意见，即《关于加强高等学校思想政治工作队伍建设的意见》，明确了高校思想政治工作的性质，强调要兼具专职和兼职。总体看来，这一时期国家对高校思想政治工作的重要性有了进一步的认知，在恢复和建设辅导员制度的同时，也为辅导员制度改革奠定了基础。

（二）改进和创新阶段

1987年，教育部进一步指出思想政治教育是一门专业科学，同时对高校辅导员队伍建设的目标、原则、素质、培训管理方面作出了详细规定（《关于加强党务和思想政治工作队伍建设的若干意见》）；同年5月颁发的《关于改进和加强高等学校思想政治工作的决定》（以下简称《决定》），对从事学生思想政治工作的专职人员实行教师职务聘任制，列入教师编制。《决定》还首次使用了"高校辅导员"一词。在中共中央《关于加强和改进思想政治工作的若干意见》中，辅导员成为"专门从事学生思想政治教育的人员"，队伍建设也由"兼职为主"向"专职为主"模式转变，各高校在落实中央精神的同时，逐渐规范了辅导员工作，重申了思想政治工作者的重要作用。

2004年，中共中央国务院下发了《关于进一步加强和改进大学生思想政治教育的意见》，对进一步加强和改进大学生思想政治教育提出了相关意见，强调要加强高校思想政治教育的学科建设，实施高校思想政治教育队伍人才培养工程，培育专门人才，完善管理机制；努力建设高水准的辅导员、班主任队伍。2005年，《中共中央国务院关于进一步加强和改进大学生思想政治教育的意见》的补充文件提出了要在政策上保障辅导员、班主任工作和发展，创造必要条件，包括对专职辅导员的发展、评优奖励和管理制度等方面进行统筹规划。2006 年，教育部出台《普通高等学校辅导员队伍建设规定》，进一步对高校辅导员队伍建设作出了相关规定。其中，对高校辅导员的工作职责、人员选拔、培养管理等方面作出了明确规定，鼓励辅导员从事思想政治教育的科研工作，辅导员具有"双重身份"，实施"双线晋升"，《普通高等学校辅导员队伍建设规定》首次将高校辅导员队伍建设纳入国家法律法规体系。在此基础上，教育部制订了"2006 年至 2010 年辅导员培训计划"，即到 2010 年在思想政治教育领域培养和选拔 1000 名在我国具有一定影响力的专家，着力支持辅导员骨干通过不断学习，成为专职专家型辅导员。

（三）发展阶段

2013 年，教育部对未来四年高校辅导员培训相关内容作出规划，提出"促进辅导员专业化、职业化和可持续发展"；2014 年，国家明确提出"推动高校辅导员专业化、职业化建设"；2017 年 9 月，教育部《普通高等学校辅导员队伍建设规定》颁布，修订了高校辅导员队伍建设规定，将"切实加强高等学校辅导员队伍专业化、职业化建设"既作为制定辅导员队伍建设的目标，又作为辅导员发展与培训的重要内容。

进入 21 世纪以来，国务院和教育部相继出台了一系列促进高等教育指导体系发展的相关文件，表明国家对完善高等教育指导体系的高度重视。另外，如贫困生资助、高校学生日常管理、高校校园文化建设、学生社会实践工作等与高校辅导员息息相关的工作制度，也得到了进一步发展与完善，为高校辅导员实践工作的开展提供了重要的理论支撑与依据。

（四）现状

现如今，高校辅导员实行专业化是趋势。高校辅导员专业化指高校辅导员制度运行模式和治理方式的有序化、规范化和机制化，是高校辅导员制度运行产生规范化效力的动态实现过程，具有历史延续性和阶段性。在官方的明文规定当中，高校辅导员的工作内容、制度体系、运行标准等都加以涵盖，所形成的完备、科学的系统工程是通过制度的制定、实施和科学合理的动态化评价来实现的，包括顶层设计、内容体系、保障体系等。在制度运行过程中，落实问责制，为问责制的顺利发展提供制度保障，推动问责制在动态发展中不断完善。通过不断的研究和实践，建立合理的流程、形式和方法，并通过专业化的动态发展形成相应的配套制度，并日趋完善、不断发展。

高校辅导员制度属于一个静态的规则体系，通常以结果的形式呈现，也可以称之为"现有制度的综合"。高校辅导员专业化是一个动态的专业化运作过程，具有一定的内部结构。为了突出高等教育指导体系在制度建设实践阶段的长期有效性和合理性，高校必须推动辅导员专业化建设，将制度本身应有的作用充分发挥出来，实现高校辅导员专业化建设的优化发展。

二、高校辅导员制度的结构分析

以历史制度主义的分析框架来考察高校辅导员制度，可以发现其制度变迁受到宏观的历史情境及各制度变量的影响。可以说，众多结构性因素共同影响了高校辅导员制度变迁。

（一）高校辅导员制度发生和变迁的宏观历史情境

在历史制度主义理论视域下，制度变迁与宏观历史情境有着密不可分的关系。宏观历史情境中包含政治、经济、社会等多方面因素，都直接或者间接影响着制度的产生和变迁。首先，新民主主义革命时期，在高校中参考军队的管理方式设置政治辅导员或指导员专门从事思想政治工作。政治辅导员或指导员旨在为革命服务。中华人民共和国成立后，教育部颁布的系列文件提出"实行政治辅导员制度"，辅导员要对学生的政治学习和社会活动进行辅导，目的是增强高校服务于社会主义新制度的功能，让青年学生和旧知识分子接受革命的政治教育，以适应国家建设工作和革命工作的需要。高校辅导员代表国家对高校学生实施政治教育，深度介入高校教育机制。改革开放以后，我国进入社会主义现代化建设的新时期，在以经济建设为中心的同时，意识形态多元化，冲击了国家主流意识形态对高校的要求，高校亟须以显性的政治教育培养社会主义事业的生力军。其次，马克思主义理论的发展促进了高校辅导员制度的改革和发展。1984 年，教育部首次设立思想政治教育专业，旨在促进高校思想政治工作专业人才的培养。20 世纪90 年代，教育部在"马克思主义理论"中增加了一个二级学科，后来改为"马克思主义理论与思想政治教育"，变成了一级学科，下设 5 个二级学科。最后，中共中央国务院 2017 年颁布《关于加强和改进新形势下高校思想政治工作的意见》，对加强和改进新形势下高校思想政治工作提出了相关意见，将立德树人作为教育的根本任务，指出加强思想政治教育工作是完成任务的根本途径。扎根于我国高校思想政治工作而产生的辅导员制度，既符合国情，又显示出我国特有的实践优势。

（二）高校辅导员制度的影响变量及制度序列

首先，相关影响因素的局限性。相关影响因素指的是国家形势认知、政治法制化进程等因素。政府对于不同阶段的情境认知，在一定程度上会推动制度变迁。在初创期，政府强调教育要为政治服务，要帮助旧制度下的高校实现意识形态的转型。在改革和创新期，政府要增强高校思想政治工作的实效性，更注重辅导员队伍的稳定性、专业性和可靠性。进入发展期，政府强调高校思想政治工作队伍要形成教育合力以适应新形势发展，于是，高校辅导员制度也随之出现了不同的取向。同时，辅导员制度的发展也是一个不断法治化的过程，自 2006 年首次将高校辅导员队伍建设纳入国家法律法规体系后，在各历史时期皆有多个政策法规对制度进行调整和补充，尤其是职业能力标准和《普通高等学校辅导员队伍建设规定》的制定和颁布，快速推动了法治化的进程。其次，其他制度序列的影响。初创期的《中华人民共和国宪法》及《中华人民共和国教育法》等制度与高校辅导员制度紧密相关，而在改进和创新阶段，《中华人民共和国高等教育法》《中华人民共和国教师法》及高校人事制度、高校思想政治教育相关条例和制度强化了高校辅导员的身份与地位，嵌入这一时期的高校辅导员制度中；进入发展期后，普通高校学生管理规定及教师职业资格、职称、聘任和薪酬相关制度、现代大学制度等制度形式又对从业者选择或持续从事高校辅导员职业产生了影响。在这些系列制度中《中华人民共和国高等教育法》及高校思想政治教育、高校人事制度的改革牵动了高校辅导员制度的同步完善和持续变迁。

三、高校辅导员制度的意义

高校辅导员专业化建设历经近 70 年的发展，形成较为完备、可操作的高校辅导员制度体系。近年来，高校辅导员队伍建设中出现诸多问题与辅导员制度的运行成效密切相连，推动和加强高校辅导员专业化建设是高校思想政治工作的内在要求，也是贯彻落实立德树人根本任务的重要保障。

（一）加强高校思想政治教育的时代需要

高校辅导员制度在不同的历史时期发挥着其必要的政治功能和时代价值，自建立以来，不断适应党和国家的发展需要和高等教育的转型与变革，高校辅导员制度体系不断完善和发展，从围绕"教育工作要为政治服务"的要求，到遵照"教育要面向现代化，面向世界，面向未来"的倡议，到以立德树人为根本任务，再到"全员、全过程、全方位育人"理念深入人心，高校辅导员从政治辅导员向学生的知心朋友和人生导师深刻转变，为党和国家培养和输送了一批又一批德智体美劳全面发展的时代新人。

随着经济全球化、社会信息化、文化多样化的深入发展，多元文化思潮并存，我国高校学生的思想观念、理想信念、道德观念和价值取向也逐渐多元化，在这一时代背景下，当代大学生处于较为复杂的社会环境下，这对高校思想政治教育提出了严峻的挑战，为保证社会主义办学方向，引导高校学生朝着正确的方向成长成才，亟须加强高校思想政治教育。高校辅导员作为离学生最近的群体，是高校立德树人的骨干力量，是做好高校思想政治工作的重要保障。时代的发展推动着高校辅导员制度的拓展和创新，在赋予高校辅导员新的角色定位的同时，也不断赋予其新的时代使命。

（二）改善高校辅导员相关工作困境的必然需求

近年来，高校辅导员专业化建设不断得到重视，随着全国高校思想政治工作会议、全国教育大会、学校思想政治理论课教师座谈会等重要会议的召开，一系列重要文件相继出台，对高校辅导员的工作内容、重点及要求等都作出了明确规定，高校辅导员在高校思想政治教育工作中的地位和作用愈加重要，高校辅导员专业化的实践也在不断丰富。但高校辅导员专业化过程中还存在一定的问题，如由于制度执行力不足、制度的部分规定与现实需求脱节、制度的"稻草人"现象等原因使辅导员多重角色冲突、职责泛化边界不清、思想政治教育效果甚微、配备1：200比例标准难落实、双重管理压力、双线考核陷入晋升双重困境、职业发展出现瓶颈等现实问题，使高校辅导员在一定时期内陷入了发展困境，更直接造成辅导员产生职业迷茫和职业倦怠，出现职业"跳板"、离职等现象，有悖于高校辅导员作为人生导师和知心朋友的身份和定位，更偏离了思想政治教育的初心和使命，阻碍了高校思想政治工作的有效实施。因此，在新时代背景下，对高校辅导员专业化建设研究也提出了更高的要求，为改善高校辅导员工作困境，贯彻落实立德树人根本任务，打通育人"最后一公里"都具有重要意义。

（三）促进辅导员队伍专业化、职业化和专家化建设的需要

党的十九届五中全会提出，建设高质量教育体系，培养德智体美劳全面发展

的社会主义建设者和接班人。高校是建设高质量教育体系的主要阵地，是育人的重要主体，建设一支高素质专业化、职业化和专家化的辅导员队伍至关重要。习近平总书记系列讲话精神及多项政策文件的颁布施行，进一步明确了高校辅导员作为高校思想政治教育的重要力量，这一力量必然要形成、发展为高质量工作队伍。同时，高校辅导员专业化建设能够进一步推动高校辅导员的发展，高校在配备与选聘、管理与考核、发展与培训等方面要不断加强辅导员队伍建设，提高辅导员队伍的素质与能力，为高校辅导员队伍建设迈向专业化、职业化和专家化道路提供路径支持，要锻造一支高素质、高水平的新时代思想政治工作队伍，肩负起培养担当民族复兴大任时代新人的责任。

第二节　新时代高校辅导员的工作

一、高校辅导员的工作对象

辅导员要做好大学生管理工作，就要充分了解大学生，不仅要了解大学生发展的特点，还要认识大学生对辅导员工作中的制约。辅导员的工作可以更有针对性，这不仅促进了学生的身心健康，而且提高了辅导员工作的有效性。

（一）大学生的特点

大学生是辅导员的主要工作对象，大学生的发育特点，尤其是心理发育的特点，直接关系着辅导员工作开展的情况。当前高校大学生普遍为"00后"，具有追求自我、个性张扬、思维多元、爱好广泛、亲近网络、注重实际等典型特征，对教育尤其是思想政治教育心理壁垒较高。高校辅导员一方面需要展现其独立性、独特性价值，引导学生及时疏导或升华情感情绪，追求艺术的生活和诗意化人生；另一方面需要发挥其辅翼性、津梁性功能，增强教育内容的趣味性。高校辅导员作为大学生成长成才的人生导师和健康成长的知心朋友，肩负着政治领导、思想引导、情感疏导、学习辅导、行为教导、就业指导等使命任务。

1. 大学生的生理特点

上大学的年轻人通常在19—23岁。这个年龄段处于青年期，是一个人从青年到成年的过渡期，也是人生的一个重要转折点。青春期的大学生具有明显的生理特征：第一，生理基本成熟，随着大学生的成长和发展，身体从少年期到成熟期；第二，可塑性强，从身体到思想，都可以通过科学锻炼、良好环境熏陶和自我完善而变得完美；第三，精力充沛，大学生的精神、身体和内脏器官具有强大的功能和活力，可以承载巨大的负荷，完成艰巨的任务。

2. 大学生的心理特点

大学生的人生观、价值观和世界观尚未成熟。在"人人都有麦克风，人人都有声音"的信息爆炸时代，网络给当代大学生的生活和学习带来极大便利，但网络上也出现了许多负能量信息，影响了他们的学习与生活。虽然一些主管部门出台了一些相关的法律法规，但由于网络平台规模大、覆盖范围广，尚难实现网络平台的合法化和完全覆盖。现代大学生作为网络中具有重要影响力的主力军，其网络价值观不成熟，容易受到消极因素的影响，需要正确、积极的引导。

大学生的情绪强烈且具有冲动性，这反映在他们对外部刺激的快速反应上。当大学生对一件事感兴趣时，他们就会充满激情。他们会为一件小事感到骄傲，他们会因为社会上出现的热点事情而愤怒。大学生情绪波动大，容易因对人或事的不满而失控、冲动。

大学生自我意识中具有突出的从众心理。大学生正处在心理迅速成熟但又尚未完全成熟的时期，在复杂多变的社会环境中，因多元化的价值取向的冲击，大学生容易出现自我意识偏差，如过度的从众心理。从众心理人人都有，但过强的从众心理就会阻碍个人的发展。有过度从众心理的人往往缺乏主见和独立意向，常常人云亦云，遇到问题束手无策，导致自主性被阻碍、创造力受到抑制。

部分大学生的恋爱动机是功利主义的。部分大学生的恋爱并非完全出于爱情，而是为了缓解他们内心的空虚、孤独或出于从众心理，以缓解生活的单调或满足他们的虚荣。

3. 大学生的思维特点

与中学生相比，大学生的思维更加抽象、独立、具有逻辑性，并逐渐发展为辩证思维。首先，大学生善于使用抽象思维。大部分大学生已经积累了抽象思维的经验，可以用概念、判断和论证的思维形式来分析和解决一些学习和生活中的难题。所以，高校教育要促进大学生抽象思维能力向更高层次发展，进而掌握辩证思维能力。其次，大学生有很强的独立性。在中学，他们的依赖性较强，他们依赖学校的老师和家中的父母，他们崇尚自由的天性被压制；在大学阶段，他们获得了更多的自由时间和空间，成为一个独立的人，具有独立的思想，不会轻易盲从。但这种独立性还不够成熟，容易走极端。

4. 大学生的兴趣特点

学生兴趣是指学生对认知对象的注意倾向、积极态度和内心需求的表现。以与学生关系密切的阅读举例，学生的阅读兴趣相当广泛，根据阅读内容可分为专业兴趣、业余兴趣和文学兴趣。专业阅读兴趣反映了学生对专业及相关知识的阅读需求，学生对专业阅读的兴趣较为简单，因为这种兴趣往往集中于本专业的阅读上。学生对业余阅读的兴趣是复杂的，因人而异，他们彼此不同。但对阅读文学的兴趣是大多数学生的共同兴趣。这是文学作品的魅力所在。如果按阅读目的、范围和时间划分，也可以分为直接兴趣和间接兴趣、广泛兴趣和特殊兴趣、稳定兴趣和短期兴趣等。

（二）大学生对辅导员工作的制约

辅导员是大学生日常思想政治教育和管理工作的组织者、实施者、指导者，而辅导员职责可以概括为：思想先导、专业引导、学习指导、心理疏导、职业向导几个方面。辅导员在工作过程中也暴露出了一些问题，大学生作为高校辅导员的主要工作对象，对于辅导员工作的制约，主要体现在以下三个方面。

1. 由于学生个体差异，辅导存在差异

在新的时代背景下，学生群体特点发生了变化，特别是学生的意识形态选择呈现多样化态势。目前，"00 后"已成为高校青年马克思主义培养的主要受众和对象，这部分大学生的意识形态具有开放性、反复性和差异性。高校在推进"青马人才"培养的各个环节，必须聚焦大学生科学价值体系构建，一入校就要帮助青年大学生群体系好人生的"第一粒扣子"，若任其自我发展，则极易造成青年学生群体意识形态迷失。目前，大部分学生群体的价值取向与社会主流价值取向总体相一致，且具有强烈的爱国情感，他们的社会责任感和担当意识较强，但同时存在价值主体自我化、信仰取向功利化、价值目标短期化等不良倾向。

在日常工作当中，有的辅导员在学生一进校门就发现，部分学生对专业学习很有兴趣，及早对他们进行了专业技能培养与培训。有的同学已经参加省级技能竞赛并获奖；还有部分同学表现出对创新创业项目的热情，在辅导员的引领下参加了省级创新创业项目及省级创新创业大赛并获奖。这些都充分发挥了辅导员的优势与作用，但是这些取得成就的学生人数占总人数比重很低，还有大部分学生虽受到同学与辅导员的影响，但是效果不尽如人意，学业与个人身心的发展较为缓慢。

2. 生师比失调,优秀专业老师缺乏

有的高校要求每位专业老师指导的每届学生数原则上不超过 10 名为宜,生师比偏高的二级学院可以聘请其他单位教师担任专业老师。以某高校机电一体化专业为例,2018 级、2019 级、2020 级在校生共有 572 人,学校分配 3 名辅导员负责学生日常生活、学生出勤、学校各级关于学生任务的执行、奖学金评定等工作。本专业专职教师共 13 人,将 572 名学生平均分配给 13 名专业老师,这样 1 位导师平均要分到 44 位学生,相当于一个班级的人数,如果没有一个好的指导模式,势必会导致导师疲于完成各项学校安排的指导任务,质量也会受到一定影响。另外,优秀专业老师缺乏,有经验的年长导师教科研任务重,一般会很忙,而年轻导师虽然精力充沛,但又是缺乏经验,需要不断学习积累经验。

3. 辅导员、专业老师与学生之间缺乏交流沟通

一般 1 名辅导员要管理多个班级,平时工作非常忙碌,而 1 名专业老师要负责四五十名学生的指导。担任专业老师的教师,不仅要完成繁重的教学任务,而且还有教研、科研、社会服务等各项任务,时间和精力有限,常常感到力不从心,造成专业老师在开展工作时缺乏与辅导员之间的纵向联系,同时也缺乏同其他专业老师之间的横向联系,三方掌握的学生信息不能及时共享,影响工作效率。

二、高校辅导员的工作内容

(一)就业指导

近年来,受国际金融危机、国内劳动力市场结构调整和大学毕业生供过于求的影响,大学生就业难也成为每年毕业季的热门话题。高校作为为社会提供高素质人才、支持学生就业的主体,在大学生就业过程中发挥着至关重要的作用。高等教育和大学就业咨询的成功与否直接影响到学生的就业能力和质量的高低。

辅导员工作的内容既复杂又烦琐。他们不仅要进行学生的思想政治教育工作,还要为学生提供就业指导。目前,高校的职业指导体系还不完善,实际情况中影响辅导员职业指导工作的因素很多。因此,我们应该识别和解决这些制约性问题,提升高校辅导员的素质,不断提高其就业咨询的能力和有效性,帮助学生顺利就业。

1. 大学生就业指导教学方法

(1)课堂讲授法

课堂讲授法作为传统的教学方法,在大学生就业指导课程中扮演着主要的角

色，也是高校教师传授理论知识所用到的最基本的教学方法。根据作者所工作的学校的实际情况，就业指导课程中的职业生涯发展规划、求职技巧实训、创业教育基础理论知识等都通过课堂讲授法进行传播。课堂讲授法中教师的主导地位突出，向学生传授的知识量大且集中，但学生的地位则相对被动，求知欲望和主动性较差，与教师的沟通互动少。同时很多高校也积极吸引校外专业人士前来进行有关职业指导的培训和开展讲座活动等，形式上同课堂讲授法相近，故作者也将这种教育方法归类到课堂讲授法中。除此之外，课堂讲授法多为大班教学，跨专业的学生一起上就业指导课的现象也屡见不鲜。故该种教学方式缺少一定的针对性，学生接收到的信息虽多，但有效性欠缺，这也是高校就业指导中心近年来在不断反思的问题。为了增强讲授的趣味性、提高学生的参与度，很多教师也在授课过程中加入迎合时代的新话题、新观点等，并将案例教学、情境教学等融入课堂教学中，加入体验式因素，从而提高就业指导课的教学质量。

（2）体验式教学法

体验式教学多适用于就业指导课程中需要实践的部分，如面试技巧、商务礼仪、工作实习、心理辅导、用人单位调研等。这些内容光靠课堂讲授是无法实现很好的教学效果的，纸上谈兵并不可行。作者通过对所在学校的调查，并在翻阅大量兄弟院校就业指导课程文献资料后，将体验式教学分为如下三类。

第一，情境教学类。情境教学即创设一种情境，学生和教师共同参与其中，通过模拟真实环境，换位思考，在实际体验中得到真知。常见的有模拟面试、角色扮演、无领导小组讨论等。其中模拟面试常常是由就业指导中心教师担任面试官，有能力的高校还会邀请社会企业中真正的人力资源经理来参加，对学生进行模拟招聘。

第二，工作室教学。当下很多高校都开展了工作室教学方法，采用预约制度，对学生进行一对一或者小团体就业指导辅导，如清华大学的"志楠工作室"、大连理工大学的"求职咨询工作坊"等。受工作室规模和教师人数的影响，工作室教学无法像大班教学那样普及，主要解决的是学生个体问题。

第三，社会实践类。社会实践类主要包括校外实习、社会调研、名人访谈等。随着我国高等教育从精英教育向大众化教育转变以来，社会企业也更加青睐上手快、能较快适应职场生活的优秀毕业生。校外实习一直是各高校的重点内容，而社会调研、名人访谈等则是新晋的就业指导教学方法之一。

（3）新媒体教学方法

新媒体教学方法是伴随着信息技术的飞速发展而产生的新型教学方式。早期高校多以多媒体教学为主，通过PPT、课堂小视频等方法缓解学生对书本的审美疲劳，网络信息技术则为高校使用新媒体教学方法创造了良好的条件。各高校的就业指导网络信息平台使学生获取资源更加便捷和丰富，节省了人力、物力。近几年来发展快速的慕课（大型开放式网络课程）让教师和学生能够接触到国际著名高校的就业指导相关课程，大量汲取国内外先进的就业指导理论，常用的慕课网站有Coursera、优达学城、edX等。与此同时，翻转课堂概念的提出，也是同新媒体教学方法的运用分不开的。翻转课堂强调的是课前、课中和课后的联动，教师向提供学生视频课程资料，学生在课前先自主学习，课堂上教师根据学生的学习情况进行讨论和分析、布置作业，课后学生完成课业任务，消化所学的知识。

2. 大学生就业指导教学存在的问题

（1）就业指导课程设计随意，缺少学校重视

一些大学就业指导课程没有纳入正式的课程，缺乏明确的教学方针。学校要不要开，怎么开，学生要不要学，怎么学，这些问题都没有统一、规范的要求。有一些就业指导课程安排在周末或者是课余时间，很多学生可能会忽视课程，也有一些学生忙于学业，甚至没有时间参加就业指导课程。另外，由于就业指导课程的准备和研究并不完善，教学内容也不全面，大多只针对毕业生，对其他阶段的大学生指导缺乏重视，使得其他学生不懂得提前作出职业规划。

（2）就业指导课程内容缺乏系统性、指导缺乏规范性

首先，大部分高校的就业指导课程都是面向毕业生的，课程体系不完善。其次，课程内容侧重于一种择业方法，大多数是商业性指导，一少部分是教育性指导，导致就业指导课程成为应付考试和面试的指导。过分强调职业选择技巧会导致学生过分关注工作面试，有的甚至使用欺骗手段，而忽视了在校期间的专业素质的培养。再次，就业指导课程的教学形式并不规范。就业指导课程主要以讲座、会议等形式呈现，但这种形式存在时长短、形式化、不规则、碎片化、难以理解、注意力不足等缺点，有的学生在就业指导课上连纸、笔都不带，就听教师讲课，讲完后学生很快就会忘记。最后，还有一些就业指导课程陈旧、信息少、效率低、缺乏个性化指导，不利于学生设计未来职业规划。

（3）缺乏专业师资队伍，课程缺乏实践性

高校招生规模的扩大使各高校的学生人数迅速增加。高校正通过多种渠道招

聘学生就业指导教师，以尽快摆脱因招生人数增加而造成的学生就业困境，很多招聘来的指导教师缺乏专业性，虽然他们长期从事这项工作，有一定的实践经验，但缺乏系统的理论指导和专业培训，对课程开发、课程标准化、课程建设的研究不足，难以保证就业指导课程的教学效果。此外，就业课程存在覆盖面小、内容更新慢、方法琐碎等问题，而缺乏专业教师是当前所面临的最大瓶颈。

3.大学生就业指导课程教学原则

（1）学生的主体性

我国教育界对教学方法的讨论常常离不开教师本位的思想，学界分别从教师和学生两个维度来分割教学方法，传授加上学习即构成教学活动的全部。而随着科学技术的进步，现如今教师可以通过面授以外的方式传授知识，学生的自主学习活动也并非一定要教师参与其中，故学生的地位在教学活动中势必会越来越重要，"以教师为主导，学生为主体"的教学方法也受到广泛的认同。大学生就业指导教育的目标是通过一系列的就业指导工作，让学生获得走向社会的职业竞争力，进而实现高质量就业。此过程中学生处于不断认识自我、改善自我、提升自我的状态，学生的主体地位不可撼动，只有真正重视每个学生的发展，通过有效的教学方法激发学生的主观能动性、提高学生学习的积极性，就业指导才能算真正落到实处。

（2）实践导向性

教育部关于高校就业指导课程课时的规定是建议不少于38学时，而就业指导是一门实践性很强的学科，受目前高校教学资源和人力的限制，在相对较短的学时内，若要实现就业指导教育的目标，就需要强调教学方法的实践导向性。各类体验式教学、参与式教学等，就是以实践为导向的教学方法的典型代表。在原有理论知识的传授和沉淀的基础上，通过各类实践方法，将理论联系实际，让学生在实践中检验所学知识，发现自身不足，寻找今后的职业发展方向，学会应对今后职场中可能出现的问题，从而提高就业课程的实效性。

（二）生活指导

学生宿舍是学校教育环境的重要组成部分，也是构建学生文明原则的重要窗口。作为教育和高校管理的重要组成部分，文明宿舍建设在思想政治教育过程中发挥了非常重要的作用。高校以民用宿舍建设为契机，配合日常思想政治教育工作，制定睡眠生活指南，改善大学生的成长环境，这是优质教育的有效途径。

辅导员身兼数职，不仅是大学生思想政治教育的教师，也是大学生生活的管理者，所以高校规模的扩大及学生数量的增多给辅导员教师的工作带来了更大的压力。为了提高工作效率，辅导员可以将大学生的思想政治教育融入生活咨询中，这不仅可以加强大学生的思想政治教育，同时也可以提高大学生生活指导的效率，减少咨询人员的工作量。

1. 现代大学生生活特点

（1）生活思想的个性化

当代大学生被称为"互联网大学生"，他们的个人成长阶段与我国互联网飞速发展的时间相吻合。互联网不仅深刻改变了整个社会的生产、生活方式，也深深影响着人们的思想行为。多元文化的交融交锋、互联网思维的影响，对大学生的生活思想产生了冲击，大学生的校园生活呈现追求个性化、品质化的特点。在消费思想上，大学生追求衣物的设计是否标新立异、是否能够体现个人气质；在消费行为上，大学生喜欢去有"情调"的咖啡厅，也会不远千里观看自己喜欢的偶像的演唱会。他们崇尚个性，敢为自己的喜好买单。

（2）生活态度的安逸化

最近几年，"佛系青年""佛系人生"一度成为网络热词，而"八卦文化"在大学生中也十分流行。部分大学生好逸恶劳，沉溺于游戏、娱乐节目，缺乏独立的生活能力；部分大学生投机取巧，平时不努力学习，寄希望于考试时抄袭作弊。舒服自在、自我陶醉、过度娱乐、不思进取是部分大学生生活态度安逸化的突出表现。

（3）生活行为的虚拟化

生活行为的虚拟化主要体现在交流方式的虚拟化。一方面，大学生喜欢利用网络来进行信息的交流、情感的表达及情绪的宣泄，缺乏与人面对面沟通的勇气和技巧；另一方面，大学生喜欢用表情包来表达自己的想法，在给学校教育管理工作提意见和建议时，多会采取匿名的方式。虚拟环境、虚拟方式的背后体现的是大学生不敢面对现实社会的焦虑和矛盾。

2. 宿舍生活指导的意义及问题

美国教育家约翰斯（A. L. Johns）曾指出，生活指导的目的是使个人作出明智的选择和适应的援助，以使其发展自我选择的能力。大学生宿舍生活指导主要是以宿舍生活为平台，从大学生宿舍生活出发，关注其现实生活需求，以学生的自我教育、自我管理、自我服务为根本出发点，在宿舍生活基础上进行生活指导。

在学生宿舍生活指导与管理过程中，我们要坚持以学生为本、服务学生的理念，为学生发展提供一个舒适、安全的生活环境，尽量满足学生住宿和教育的需要，通过住宿生活，学习和发展人际关系，培养学生广泛的兴趣，锻炼其组织领导才能，进而使其获得成长经验。

大学阶段作为学生由学校向社会迈进的过渡时期，学生要做好学生到社会人角色转变的充分准备，学校除要培养学生专业技能知识外，还要对学生的生活理念、生活知识、生活能力及生活习惯进行引导。宿舍生活指导就是通过指导、引导使处于青春期的学生掌握自己对待社会、人生的态度，确立自己的目标，以适应不断发展的未来。

由于我们不够重视大学生的生活指导，缺少统一的、正确的导向，阻碍了大学生思想政治教育工作的开展。我们要重视和引导学生融入宿舍生活，克服资源不足、宿位短缺的状况，尽量发挥学生宿舍的教育功能。但是，大学生在宿舍文化建设中还存在一些不足。第一，学生自理能力较差。例如：对环境保护的意识比较欠缺，随处扔垃圾的现象较严重；宿舍卫生习惯不容乐观，书桌上堆的东西杂乱；部分学生不能按时回宿舍休息，常有晚归、夜不归宿的违纪现象；使用违规电器的学生较多。第二，参加宿舍活动少。学生表现出不同的性格和生活学习习惯，很少一起参加宿舍活动。第三，创新性学习不够、以自我为中心、交际方式不当、生活无规律、缺乏健康意识、情感脆弱，容易产生多种心理问题等。

而在高校方面，对大学生生活指导工作的重视程度明显不够，普遍的做法是以行为管理、心理咨询代替生活指导，没有树立"生活指导就是生活育人"的概念，没有将社会主义核心价值观的教育融入生活指导中。

目前，部分高校对大学生生活指导的内涵没有明确的认知，往往将对大学生的行为管理等同于生活指导，普遍存在"以管理代替引导，以惩罚代替帮助"的工作模式。虽然能起到一定作用，但是往往存在反复性，治标不治本。

在心理健康方面，部分高校对大学生生活指导的内容不够明确，简单地认为生活指导是对生活中存在行为问题的大学生进行的，主观认为其存在心理问题，因而采取心理咨询的方式进行干预。这反而加重了大学生的心理负担，不利于大学生生活问题的有效解决。

3.如何完善大学生生活指导

大学生正处在世界观、人生观、价值观形成的关键时期，容易受到社会上各种思想的影响，容易在行为上产生偏差。因此，高校辅导员除课堂教育、谈心谈话这些传统的教育手段之外，需要从大学生生活本身入手来开展思想政治教育工作。高校要主动占领日常生活这个主战场，以社会主义核心价值观来引领生活、指导工作。

（1）坚持目标激励与过程约束相结合

社会主义核心价值观在高校大学生生活指导中既有激励作用，也有约束作用。激励作用体现在社会主义核心价值观从国家、社会、个人三个层面进行倡导，激励大学生向上向善，是对他们进行价值传递和行为引导的关键措施；约束作用体现在社会主义核心价值观是公认的行为准则，自觉践行社会主义核心价值观是每个学生应尽的义务，是实现思想内化与行为外化转变的关键所在。因此，高校要通过社会主义核心价值观所倡导的内容对大学生进行目标激励，也要结合社会公德，在实际生活中对大学生进行过程约束，使大学生做到自律与他律相统一。

（2）坚持宏观引领与微观关爱相结合

主题班、团会等是高校从宏观方面开展生活指导相关工作的主要方式，是普遍性的教育方式。当代大学生是伴随网络成长的一代，个性鲜明、自主性强是他们的标签。因此，高校要加强对学生个体的关爱，要针对学生的性格特点、生活方式开展针对性的关心指导。例如，对劳动意识较差、不愿意打扫寝室卫生的学生的管理，不能仅仅是批评教育，更需要通过中医理论上的"望、闻、问、切"方法了解其生活习惯，掌握其内心世界的所思所想，找准问题产生的根源，从关爱其成长发展的角度进行引导，做到"教育无言"，促使其主动进行思想与行为的有效转变。

（3）坚持主题鲜明与形式多样相结合

加强大学生生活指导是高校提高人才培养质量的一项基础性工程，牢牢把握工作的正确方向至关重要。因此，必须以习近平新时代中国特色社会主义思想为指导，大力弘扬社会主义核心价值观，坚持马克思主义的道德观、社会主义的道德观，以坚持集体主义为原则，这个主题必须鲜明。

在生活指导实践形式上，要开阔思路，从大学生日常生活入手，引导大学生从身边小事做起，激发、支持大学生对美好生活的向往和追求。要引导大学生自主设计实践形式、自主参与活动管理、自我进行总结评价，继而推动教育与实践相结合，形成"知"与"行"的良性互动。

正确人生观的确立、生活能力的提高，不仅是大学生适应社会发展的需要，也是高校提高人才培养质量的基础，更是实现中华民族伟大复兴中国梦的现实需要。因此，以社会主义核心价值观为引领，并将其融入具体工作中，是社会主义核心价值观教育在高校教育创新中的重要举措。

（三）班集体建设

1. 新时代大学班集体现状

班级是高校实施育人工作的基本平台，也是大学生学习和交流的重要活动空间。一个优秀的班集体能够发挥凝聚、约束、引导和激励学生的作用，对大学生正确认识自我、评价自我和调整自我有着积极的促进作用。

当前不少在校大学生学习主动性较差、责任感普遍缺失、团队合作精神缺乏。一个人对着电子屏幕玩一天的情况屡见不鲜，学生之间交流逐渐减少，感情日趋淡漠，对于参加各类校园活动的积极性不高，班级文化流于形式。加之在各种新媒体高速发展的环境下，高校教学和管理发生重大变化，学生之间交流、联系和依赖相对弱化，学生只关注个人抱负而漠视集体目标的实现，造成集体主义缺失、班级凝聚力下降。这在一定程度上影响了高校思政工作的深入开展，制约了大学生的健康成长。因此，引导学生开展班级建设，对形成良好班风、学风，助推大学生健康成长显得尤为重要。

2. 如何加强班集体建设

在一个班级里一起学习和生活的学生，他们有着不同的成长经历、个性见解、情感需求及为人处世方式。开展班级建设不仅要抓好学生干部队伍建设、关注帮扶"困难"学生发展，还要将班级管理工作精细化。要将班级建设全面铺开到每一名学生，引导其社会性发展，使其在不断地交流和实践中摸索成长。要关注班级学生之间的情感交融和个性发展，引导他们正确认识自我、评价自我和调整自我。要为班级树立共同奋斗目标，把班级建设成为和谐温馨、具有凝聚力和约束力、能够互相引导和互相激励的集体，促进学生在班级环境下实现自我提升和良性互动。

进行思想引领，充分发挥先进学生的模范作用。大学期间是学生认识和判断社会历史规律、形成正确价值观和政治取向的关键时期，把好思想政治关是引导大学生成长和搞好班级建设的第一步。大一新生刚入学时，拥有较强的求知欲，此时集中引导学生树立正确的理想信念，能收到事半功倍的效果。辅导员在工作中，要及时发现班级里积极主动和思想上进的学生，对其开展针对性的教育引导。这些学生在接受教育引导的过程中产生的思想、观点及对问题的看法，会对身边的同学有重要的影响。要注重培养学生对中国共产党的热爱，坚定其对共产主义的向往和追求。通过介绍党的基本知识、宣讲形势政策、集中学习研讨、读书交流等各种形式开展理论学习，筛选出若干典型模范，使他们发挥积极主动性，成为开展班级工作的中坚力量，保证班级建设的顺利进行。

健全班级组织管理，完善班级运行机制。健全班级组织管理是班级建设顺利开展的坚实保障，要严格监督班级班委选举，特别是第一届班委，真正民主推选出愿意积极为班级发展做事的人。对班级采取小组化管理模式，明确各班委、小组长、舍长等职责，初步形成一级抓一级、层层落实的工作局面。以学校学生综合素质考评体系为支撑，建立班级公约等管理制度，严格落实奖惩制度，将每名学生的班级工作参与情况结合平时各类评优评先指标进行考量。强调每名学生的主人翁地位，为推动班级建设积极献言献策，奉献力量。

尊重学生个性，促进班级学生的整体发展。班集体中难免会存在个别有个性的学生，他们经常表现出标新立异或者不合群，而这些学生往往会成为班级其他学生眼中的"奇葩"或"异类"。因此，在班级建设中，班级管理者（辅导员或班委）要特别注意对这类学生进行合理化引导，用心去了解、认识和发掘他们的个性特点，用真心真情去关心、影响和感染他们，使他们认识到积极的个性表达的重要性，学会控制负面情绪，培养团队协同合作意识，同时要加强与学生家长的沟通互动，共同防范学生出现不合理甚至偏激的个性表达。

实行精细化管理，将温暖传递给每位学生。对于学生群体不能开展同一模式的思想政治教育，"抓两头、带中间"的学生管理方式难以体现效果，若能做到有重点、分层次地对不同类型的学生进行教育引导，则可以形成全面促进学生健康发展的良好局面，因此需要辅导员对班级学生做到精细化管理。精细化管理最关键的是调动班级全体学生参与班级建设。

一是要求每名学生必须参加班级大型集体活动，每半学期至少提交一份书面总结，针对班委工作和班级发展献言献策。二是将班级分成若干小组进行模块化管理，让各班委分别担任各小组组长，充分发挥带头作用，每学期对各小组成员的学业情况、自律情况、实践活动参与度、荣誉获得等方面进行统计评比，让优秀小组成员集体总结、分享经验，并结合学生德育学分考核体系和评优评先标准，对优秀小组成员进行表彰鼓励。三是辅导员、任课教师、典型学生与班级里的贫困生进行结对形成帮带关系，做到"每生一档"。通过有针对性的帮扶引导，进一步拉近师生间的距离，加深学生间的交流协作，帮助贫困生同步成长。精细化管理能让班级所有学生都处于一个互动交织、相互促进、良性竞争的环境中，对班级良好班风、学风的形成起到促进作用。

活跃班级活动，多渠道促进学生社会性发展。班级集体活动是促进班级学生社会性发展，加强学生之间团结协作、沟通交流，锻炼学生社交能力和培养集体荣誉感的重要平台。在学校层面，可以结合思想政治教育工作、学风建设、宿舍文明建设等工作，积极组织班级学生参与各项活动和各类竞赛。在班级层面，定期组织学生开展主题研讨、郊游活动、班级文化周互动等增进同学情谊的活动。在校外层面，可以发挥学生所学专业特长，引导学生主动参与勤工俭学、社会实践；或者立足社会需求，以班级为单位参与敬老扶幼、交通维序、环境保护、宣传服务等志愿服务行动。多渠道促进学生社会性的发展，使其学会正确认识、评价和调整自己。

班级建设是学生教育管理工作中一项成效周期较长的工作，需要师生共同努力。在对待学习基础较差、长期不良习惯导致厌学情绪严重及对制度和管理抵触情绪较重的学生，只有循序渐进、因势利导，才能取得更好的效果。在班级建设中要注重培养学生的爱国意识、爱校意识和创新创业意识。立足班级实际，进一步拓展渠道，引导和促进学生社会性的发展，塑造出良好的班级文化，融入高校校园文化建设，从而推动大学生的自我成长。

三、高校辅导员的工作原则和方法

（一）以人为本原则

1. 以人为本的内涵

在我国，以人为本思想起源于中华优秀传统文化中的民本思想，我国古代民本思想起源于春秋战国，其中以儒家的以民为本思想最为突出，后孟子又对民本思想进行理论升华提出"民为贵，社稷次之，君为轻"（《孟子·尽心章句下》）的观点——发展于汉唐时期，已经带有早期的启蒙思想韵味了，如黄宗羲指出的"古者以天下为主，君为客"（《原君》）；成熟于明清，一些有识之士开始抨击封建君主专制，主张限制君权，保护人民的基本权利。但传统文化中的民本思想，与当代的以人为本思想虽属于一个思想本源，都是重视人的地位与需求，但却有所差别，后者是前者的传承与延续。

西方人本主义思想萌芽于古希腊人本主义思想；人本主义思潮正式出现于文艺复兴时期，首次把人从神的统治"枷锁"下解放出来，后经以法国为代表的启蒙运动，一场资产阶级和人民大众的反封建、反教会的思想文化运动，以理性之光驱散了愚昧的黑暗，打破了当时残酷的等级社会制度，解放了人们的思想，并以"天赋人权"的形式建立了人道主义理论；后以人为本思想的提出来自费尔巴哈的人本主义哲学。

以人为本的基本内涵就是要维护人的尊严和权利，尊重人的价值。如何在具体的教育实践中体现以人为本的教育理念，对教育工作者的工作内容和方式提出了许多新的要求。在情感上，要注重对学生的人文关怀和心理疏导；在工作方式上，要采用科学的教育理念和管理办法。正确理解和把握在大学生思想政治教育工作中以人为本理念的科学内涵，一是要把实现学生的全面发展作为第一目标，出发点和落脚点都要将学生的利益放在第一位。二是要在整个过程中关注学生的情绪和心理变化，增加对学生的人文关怀和心理关怀。如此，才能真正体现以人为本，在创新和反思中使大学生思想政治教育工作收到实效。

2. 如何在思想政治教育上贯彻以人为本

首先，克服思想政治课程重理论轻实践的偏失，注重大学生思想道德修养的提高。很多时候，以人为本教育理念作用的发挥都不能单纯地依赖于理论教学，而需要在实践教学中得以发展。在思政课程的考核方面，应推崇"理论＋实践"的模式，如将参加社区志愿服务、参观革命圣地、参加爱国主义类演讲比赛等实践活动融入思政课程的考核内容中，使学生的青春理想与社会的发展实现同频共振，在不断的实践中体会思想政治教育的真义。在此应当注意的是，教育工作者在安排具体的社会实践时要充分听取学生的想法和建议，安排符合学生需求且有利于学生发展的社会实践活动内容。

其次，在尊重与信任学生的基础上贴近与深入学生。思想政治教育工作对于塑造青少年的品格、人格、价值观等具有十分重要的作用，在高校教育中具有独特的核心地位，所承担的教育使命是其他科目所不能代替的。思想政治教育工作的使命就是要在"春风化雨中"强化政治导向和育人功能。这就要求教育工作者一要充分尊重每个学生的个性，在学生遇到困难时理解学生、善于倾听学生的感受，发自内心地关爱学生，用自身的学识和人格潜移默化地感染学生，成为照亮学生前进道路的灯塔，引导学生作出正确的人生选择。二要增强服务意识，提高服务能力，教育工作者应在提高自身政治素养的同时学习一定的心理学知识，提升使用新媒体的能力、提高教育教学质量，把握学生的心理变化规律，从而运用互联网技术丰富教育的内容，创新教育的途径，让学生能在更加开放、多元的视野中看待自己与世界的关系，提升思想政治教育工作的亲和力和时效性。

（二）倾听法

倾听艺术最早是从心理学角度提出的，主要是指倾听者在倾听的过程中，通过对倾听对象的语言、动作、声音等信息的分析与观察，进行信息的收集，获得对被倾听对象心理状态的把握和了解，进而为心理咨询和教育奠定基础。对高校辅导员来讲，在思想政治教育中实施倾听的艺术也是如此，通过倾听，了解和把握学生的心理状态和思想状态，拉近师生之间的心理距离，获得学生的心理认同。在实施倾听艺术的过程中，要搜集被倾听者在倾听过程中想要表达的真实信息。

1.倾听法在辅导员工作中的作用

增强学生的主体性和主动性。思想政治教育中，学生应是教育的主体，如果学生没有主动参与进来，思想政治教育的效果也就流于表面了。辅导员在进行思想政治教育过程中应该是更好地倾听而不是一味地进行输出，可以鼓励学生更积极主动地发表自己的想法和观点，畅所欲言，引导学生表达自己对思想政治教育的心理期待，满足学生的个性化需求。把握和了解学生的心理状态和思想状态，强调学生在思想政治教育中的主体地位，提高其主动性，提升学生对高校思想政治教育工作的回应和配合程度。

提升思想政治教育的主导权。从高校思想政治教育实施的方式来看，对学生思想动态的掌握往往存在一定的滞后性。思想政治教育需要根据学生的思想动态进行"见招拆招"，一旦没有充分了解和掌控学生的思想和心理现状，思想政治教育工作就无法真正实现有的放矢，无法发挥应有的作用，教育实施也会相对更加被动。辅导员进行思想政治教育过程中实施倾听艺术，可以及时了解学生的心理状态和思想状态，牢牢把握住思想政治教育的主导权，大大提升高校思想政治教育的效果和质量。

提升高校辅导员综合素质的需要。随着高校思想政治教育工作目标和内容的不断调整，对高校辅导员来说，面临更加复杂的工作形势和工作任务，这也对高校辅导员的综合素质提出了更高要求。高校辅导员不仅要具备思想政治教育的理论素养和实践素养，更要具备多方面的知识和能力，要求辅导员是全能型人才。从这个角度来看，在高校辅导员进行思想政治教育过程中实施倾听艺术，加深高校辅导员对倾听艺术内涵、意义等方面的认知和了解，有利于提升高校辅导员的心理素质，这对教师个人成长也是十分有意义的。

2. 实施路径

注重从感性的角度切入话题。在与学生进行交流和沟通的过程中，辅导员要注重从感性的角度切入话题，拉近师生之间的心理距离，进而找寻到学生内心深处的痛点和关键点。通过对学生思想方面和心理方面的关注和交流，引导学生表达出自己较为真实的看法和观点，这是非常重要的，也直接关系到倾听过程是否顺利，以及倾听作用的充分发挥。如果辅导员从更加理性的角度切入话题，实施交流和沟通，学生的反应也往往相对理性，这是不利于高校辅导员获得学生真实的想法和态度的。

注重对倾听氛围的营造。倾听能否发挥应有的效果，与学生当时的心理状态和思想状态有很大的关系，而这很大程度上取决于倾听的氛围如何。一方面，教师要降低学生的心理焦虑程度，让其达到更轻松而非紧张的状态，尽量将交流的场所选择在办公环境以外的地点，或者由学生自己选择交流倾听的地点，让学生能更有效地进入状态。另一方面，通过音乐、灯光等辅助因素的设置，让学生忘记是与辅导员进行交谈，努力还原朋友间沟通的场景，让学生更能真实地表达出自己的感受。

注重对倾听过程进行调控。高校辅导员一定要对倾听过程进行合理的调控，确保学生表达出自己需要的信息。一方面，要尽量发挥学生的主观能动性，不要对学生的倾诉设置太多的限制，避免学生的情绪和心态受到影响，从而阻碍倾听过程的顺畅完成。另一方面，如果在倾听过程中，学生的情绪过于激动，辅导员要及时进行安抚，让学生冷静下来重新进入有效的交流。同时，对于一些学生表达的语言似是而非时，辅导员要及时进行强调和询问，确定学生想要表达的真实想法。

注重在倾听中合理保持沉默。针对学生与辅导员倾诉时的心理波动和情绪波动，辅导员要合理、适当地保持沉默。一方面，要让学生在倾听过程中真正发挥主体作用，真正进入倾诉者的角色，辅导员要切忌无原则地打断和插话，避免良好倾诉状态的终结；另一方面，虽然辅导员需要保持言语上的沉默，但是也要通过肢体动作保持对学生的关注、认同和鼓励，持续对倾诉过程施加积极的引导和鼓励。

注重对倾听结果进行分析。学生与辅导员倾诉过程的终结，并非意味着倾听过程的完成，辅导员还要对倾听结果进行分析和反思，从学生表达的信息中找出真实合理的部分，进行深入的分析和研判，以便找到科学、有针对性的解决路径。

一方面，辅导员要及时对倾听过程的文字记录或者录音进行整理，整合学生所要表达的信息，找出其重要和关键部分，形成倾听结果报告；另一方面，要结合学生的自然信息，如家庭状况、性格状态、诱因等方面因素，综合对学生的状态进行评估和分析，找出思想波动的根源，有针对性地开展心理疏导和教育。

（三）谈心教育法

高校辅导员作为直接接触学生的基层教师，其工作涉及学生思想政治教育、日常行为管理、心理健康教育和社会实践。可以说，在复杂而细致的工作中，他们必须与学生进行沟通，了解学生的动态。立德树人是教育之根本。辅导员是高校行政岗位上的基础工作人员，是班级和校方之间的桥梁和纽带。尽管手机和互联网等现代通信工具已经普及，但它们无法取代与大学生面对面的谈心，因为这种教育是基于情感交流的。

1. 谈心教育法的必要性

思想政治教育应该以人为中心，高校辅导员在谈心谈话中也要坚持以学生为中心，强化共情在谈心谈话中的运用，为有效谈心谈话、实现师生良性互动打下坚实的基础。所谓共情，指的是走进对方内心世界、感受对方内心情感，与对方达成心灵上的互通、情感上的共鸣。共情主要包含三点内容：第一点是感受，易地而处，体味他人的内心和精神世界；第二点是表达，将自己对他人的理解和感受通过恰当的形式传递给对方，从而得到对方的信任和支持；第三点是改变，在前两点的基础上，引导当事人自我感知、自我反思，最终实现自我提升、自我完善。为更充分地了解学生的需要和心理，引导并促使大学生发生良性的改变，提升思想政治教育效果，在谈心谈话工作中运用共情有其必要性。

2. 谈心教育法的对策

重视提升自己的共情能力。一方面，要充分认识共情在辅导员谈心谈话工作中的重要作用，有意识地提升自己的共情能力。另一方面，要通过学习文学、哲学、教育学、心理学、管理学、社会学等多学科的知识，优化自己的知识结构，从而能够透过现象看本质、透过言行知心理，更加精准、全面地了解学生的内心世界。

初步了解大学生的情感心理。一是察。观察大学生日常的言谈举止、行为习惯、精神风貌和人际交往等方面的情况，了解其个性特点，对其形成初步印象。二是访。走访或电话访问该生的班主任、任课教师、同学和家长，了解他们对其的看法和评价，进一步丰富对其的认知。三是测。通过一些心理学的小测验，找到反映该生心理状况的蛛丝马迹，了解其情绪心理、行为模式和人格特点。通过以上三个步骤，就能对大学生的心理状况和情感特性作出一个总体的判断，形成初步的心理画像。

感同身受学生的内心世界。辅导员必须把学生当亲人、和学生交朋友，多站在学生的角度去体验他们的心理活动，从而真正理解他们的行为和想法。切不可站在道德的制高点，随意对学生的心理、情感进行道德判断，要以了解学生而不是评判学生为目标，设身处地地感悟大学生情感心理的来龙去脉，真正进入他们的内心世界，为之后的谈心谈话营造良好的氛围。哪怕对那些所谓的"问题学生"，也要通过换位思考，对他们过往的行为尽量做积极正向的解释，从情感上接纳他们，从行为上包容他们。

表达对学生的理解支持。完成了重情、知情、移情这三步之后，就要进入与大学生面对面谈心谈话的实操阶段。要从学生的真情实感和深层需求出发，用真心对待学生，用真情感染学生，着力构建平等、互信、积极、友善的沟通氛围。

要善于提问。辅导员与大学生进行谈心谈话的目的不是进行道理的灌输，而是要进行心与心的交流；不在于辅导员"说"了多少，而在于学生"听"进去多少，而这就需要辅导员足够了解学生。要善用提问这种方式，从浅层到深层、从物质到精神，在内容上步步深入、在情感上层层递进，让大学生把心门打开，把内心的感受和想法倾诉出来。要多问一些答案不固定的开放式问题，少问甚至不问答案只有"是不是""对不对""好不好"等两种选择的封闭式问题。

要用心聆听。在与大学生进行谈心谈话的过程中，辅导员一定要放下其他事情，专心致志地听学生讲话，体现对其最基本的尊重。对学生在谈话过程中的一些想法，哪怕辅导员并不认同，也不要皱眉、摇头甚至直接打断或提出批评，而是要在内心问自己：学生为什么会这么想呢？学生的想法真的错了吗？有什么我不知道的背景吗？如果我遇到类似情况，会怎么想怎么做呢？……对大学生的任何言行，都要先从积极的角度来思考，只有这样才能避免个人偏见的影响，从而体会到大学生的真情实感。同时，要及时察觉学生的情绪变化，注重观察语气、神情、体态等非语言信息，从中看出学生的深层需求、听出弦外之音，从而增加对学生的了解。

要积极认同。人都是需要被鼓励的，如果想让学生说真心话，辅导员就要摆脱身份束缚，用恰当的方式对学生表示鼓励。在表示认同时，辅导员可以使用身体前倾、频繁点头等肢体语言，也可以通过"嗯""对""是的""原来是这样啊"等口头语言，通过语言文字的层层递进，推进辅导员对学生表达的认可，为学生创造轻松的交流氛围，以此促使学生主动袒露心声。

第二章　高校辅导员专业化的现状分析

本章内容为高校辅导员专业化的现状分析，分为三个部分，第一部分是高校辅导员专业化的概述，第二部分为高校辅导员专业化的发展，第三部分为发达国家和地区学生管理工作的比较与借鉴。

第一节　高校辅导员专业化的概述

厘清高校辅导员专业化发展的内涵，不能全盘照搬西方社会学的现成模式，要以马克思主义为指导，立足中国现实国情，通过对高校辅导员制度的把握及对高校辅导员本质和特征的认识，正确区分"专业"及"历史发展""专业化"与"专业发展"等范畴。在此基础上，科学界定高校辅导员专业化发展的内涵、特征、必要性与标准，开创高校辅导员专业化发展的新境界。

一、高校辅导员专业化的概念厘定

（一）新时代辅导员专业化的内涵

1. 辅导员的基本内涵与工作职责

概念是反映事物本质属性的总和，要了解事物发展的历史和现实，首先应掌握事物的概念。辅导员一词，通过不同时期的变革，其概念越来越丰富。《中国大百科全书·教育卷》对辅导员的解释为基层政治工作干部，主要负责对学生开展政治教育，强调要做好政治工作。随着时代的进步和社会发展，由"政治辅导员"转变至"辅导员"，辅导员的工作内容更加丰富。2014年，教育部发布《高等学校辅导员职业能力标准（暂行）》中指出：高校辅导员具有教师和干部的双重身份，是开展大学生思想政治教育的骨干力量，是高等学校学生日常思想政治教育和管理工作的组织者、实施者、指导者。辅导员应当努力成为学生成长成才的人生导师和健康生活的知心朋友。本书在概念界定上对这一定位进行了解读。

从角色定位方面来看，辅导员的职业角色分别是教师和管理人员，具有教师和干部双重身份。从教师这个层面，辅导员应积极开展教育活动，同时上好职业发展与就业指导等相关指导课程。与此同时，辅导员是干部，应做好学生管理和服务工作，承担组织学生开展活动的重要工作任务。新时代新挑战，面对新一代大学生群体，辅导员也应扮演好青年学生知心朋友这一角色，不断丰富辅导员的内涵。

从职能价值方面来看，辅导员主要工作是开展思想教育。辅导员是学生成长的导师，他们的思想价值引导作用更加凸显，对学生学习、就业方面的指导会产生重大的影响。同时辅导员以朋友身份与学生进行相处，更好地体现了辅导员的职能价值。辅导员的言行、品质及工作方式都会对青年学生产生持久深远的影响。

了解高校辅导员的工作职责有助于更深层次掌握辅导员的内涵，新时代高校辅导员工作职责范围广泛，具体可以概括为以下几点。

（1）学生思想理论教育与价值引领者

辅导员的主要职责是思想价值引领，应带领学生深入学习习近平总书记系列重要讲话精神和治国理政新措施、新思路及社会主义核心价值，帮助青年学生坚定"四个自信"、增强"四个意识"、做到"两个维护"，从而引导学生树立正确的思想价值观念。在现代互联网快速发展的背景下，青年学生获取信息的方式更加便捷，辅导员要加强网络思想政治教育阵地的建设，积极运用新媒体、新技术，推动传统思想政治教育方式创新，努力传播先进文化。同时，辅导员要掌握学生的思想动态，应对学生群体思想变化具有一定的研判能力，及时帮助学生解决思想认识、价值取向、学习生活等相关问题。

（2）学生日常事务管理者

辅导员的工作内容广泛，主要从事学生日常事务管理等，包括入学教育、日常教务、党团和班级建设、评优评先、评奖助学金、学习管理、违纪处罚、毕业管理等相关事务。同时负责组织"第一课堂"文体活动、校级和院级党团活动及帮扶困难学生等。此外，对学生生活上的相关事宜提供必要的指导和帮助。辅导员作为连接学生和学校的重要纽带，要切实做好本职工作，将学校发布的信息及时准确地传达给学生。此外，学校布置和分配的相关任务，也需要辅导员进行及时沟通，指导学生配合学校高效完成相应的工作。辅导员要把学生的个人发展放在工作的重要位置，切实提升服务的针对性，为学生的生活和学习提供有利帮助。

（3）学校学风、班风建设的践行者

辅导员是高校和谐、稳定的维护者，也是班级优良学风的建设者。解决学生的问题和纠纷、维护校园稳定是辅导员的基本任务。辅导员要积极开展安全教育，主动参与学校和学院危机工作预判的制定和执行工作中。由于大学生群体心理尚未成熟，且获取信息的渠道较为广泛，缺乏对事物全面、准确的认识，容易受多元思潮的冲击。因此，辅导员应掌握危机事件处理方式，对于危机事件具有一定的控制能力，并且能够通过多种措施进行有效的预防。建设优良的班级学风，需要依靠辅导员的引导和组织才能实现，在充分了解所带学生专业领域的基本情况后，根据实际情况采取适当方式，正确引导学生学习的方向，营造积极向上的学习氛围。

（4）学生心理健康的维护者

随着社会经济和互联网技术的飞速发展，学生的思想观念和价值选择更加多元化，行为方式也发生了改变。物质进步会带来精神空虚，大学生心理健康教育问题愈发突出，抑郁、辍学、伤人事件不断增加，严重影响了学生心理健康和校园和谐。辅导员的重要职能之一是维护大学生心理健康，通过开展大学生心理健康教育等相关活动，做好心理健康教育排查、研判、跟踪、疏导及安抚工作，对班级重点群体采取重点关注，做好心理健康教育宣传系列活动，通过举办知识竞赛促进知识普及等，在日常学习和生活中培养学生理性平和、积极乐观的健康心态。

2. 高校辅导员队伍专业化建设的内涵

党的十九届五中全会提出，要建设高质量教育体系，培养德、智、体、美、劳全面发展的社会主义建设者和接班人。高校是建设高质量教育体系的主要阵地，是育人的重要主体，建设一支高素质、专业化、职业化和专家化的辅导员队伍至关重要。习近平总书记系列重要讲话精神及多项政策文件的颁布施行，进一步明确了高校辅导员是高校思想政治教育的重要力量，这一力量必然要形成、发展为高质量工作队伍。同时，高校辅导员专业化建设能够进一步推动高校辅导员的发展，高校要在配备与选聘、管理与考核、发展与培训等方面不断加强辅导员队伍建设，提高辅导员队伍的素质与能力，为高校辅导员队伍建设迈向专业化、职业化和专家化道路提供路径支持，锻造一支高素质、高水平的新时代思想政治工作队伍，肩负起培养担当民族复兴大任的时代新人的责任。

谈及高校辅导员队伍专业化建设的内涵，主要从三个延伸维度去界定。首先是辅导员个体专业化。队伍是由个体组成，辅导员个体应具备专业知识和伦理意识，掌握马克思主义基本理论、思想政治教育等学科知识，拥有坚定的政治立场。只有个体具备较高的政治素质、坚定的政治立场及较高的学识水平，才能担负起思想价值引领这个主要职责。辅导员应掌握专业技能，具备对国内外宏观形势的解读能力、对党和国家政策的分析能力、承担思想政治理论课及职业发展与就业指导等课程的教学能力，还应掌握学生事务管理的专业技能。其次是辅导员队伍专业化。在整个队伍的构成中，个体要掌握专业知识和技能。团队应具备合理的年龄结构、完善的培训体系、合理的人员分工、积极的职业文化及较高的学术素养和社会地位。最后是工作的专业化。对于高校辅导员来说应该不断探索与遵循辅导员工作的内在规律，实现思想政治教育引领工作的专业化、学生事务管理的专业化，不只是依靠传统的经验完成工作，而是强调科学的工作方式，即由经验型转化为理论型。因此，高校辅导员队伍的专业化内涵应概括为群体掌握专业的知识和技能，不断探索思想政治工作的专业化、学生事务管理的专业化，具备完善的培养培训体系和较高的学术能力，依靠科学的工作方式探索思想政治教育的规律，从而获得良好的社会地位和社会认可。并且需要国家、社会、高校、个人形成合力，建设一支专业化的辅导员队伍。

（二）新时代辅导员专业化的标准

专业化建设标准是衡量高校辅导员是否能够达到专业化的基本准则。本书根据教师专业化标准，结合辅导员实际工作内容，提出辅导员队伍专业化建设的标准，以此为准绳打造一支专业化的高校思想政治工作队伍。

1. 突出的思想理论教育与价值引领能力

思想理论教育与价值引领是高校辅导员应具备的最核心的能力，是指高校辅导员通过传播党的方针、路线、政策及重要思想等，引导学生正确把握国家发展大势。这就需要辅导员要具备较强的政治素养，掌握思想政治教育及相关学科的基本知识及基本工作原理，掌握马克思主义中国化相关理论知识、相关法律法规等。

落实过程中需要一定的能力支持。一是具备良好的沟通交流能力，可以通过沟通与交流，与学生建立亲密联系，有针对性地对学生进行思想教育，通过交流可以及时发现学生现存的问题，采取多种形式与学生接触和沟通，这是实现思想政治教育的有效手段。二是具备分析问题的能力，在思想理论教育过程中及时掌握学生的思想动态，科学分析问题，让学生理解和接纳问题分析的结果，从而帮助学生解决困惑。三是具备运用知识的能力，辅导员应将思想政治教育知识转化为现实工作的指南，通过多种方式恰当地运用到学生的管理工作中去，在不断的实践中将科学的理论知识内化于心、外化于行；四是敏锐的网络情况洞察力，互联网的快速发展使学生的思想认知多元化、获取信息渠道多样化，辅导员要具备敏锐的网络情况洞察能力，针对网络上的错误思想及时对学生进行灵活的思想理论教育，守住网络思想政治教育阵地，营造良好的舆论氛围。

2. 高效的学生事务管理能力

高效的学生事务管理能力是辅导员实现专业化的必要能力，只有在工作中实现高效管理，才能从复杂的学生事务中脱离出来。营造积极向上的学习氛围是辅导员工作的重要内容，目的是指导大学生做好学习规划，帮助学生端正学习态度，提升学生的学习热情，端正学生的学习动机。大学生在每个学习阶段都会遇到不同的问题，会迷失方向和目标，这就需要辅导员具备学习指导、规划、信息获取及运用能力，从而在学习上实现对学生全面、科学的指导。

辅导员在党团和班级建设过程中通过遴选和培养优秀学生骨干，实现班级自我管理。在班级建设过程中，辅导员要树立科学培养学生的意识，积极发挥学生组织进行自我管理的作用。学生日常事务管理体现着辅导员的工作智慧，辅导员与大学生交流最多，生活中的每一件小事都会对大学生产生影响。辅导员要善于做好日常生活中的每一件小事，以便在沟通中获得学生的信任。危机事件管理能力需要辅导员具备较为敏锐的洞察能力，与学生进行长期沟通交流，形成任课教师、辅导员、学生干部协调监督体系来预防危机事件的产生。

3. 丰富的知识储备及高效的学习能力

辅导员工作与普通的教师不同，普通的教师不管教授什么课程，只要把课讲好讲精，把学生教会教好就是好老师。但辅导员不同，他们的工作在于日常，在于学生在校的点点滴滴，他们需要解决的问题五花八门，涉及生活、学习、情感、纪律等方方面面。在工作的过程中涉及法律、政治、文学、历史，还要和学生一起畅谈过去、畅想未来。所以，辅导员要厚德博学，方方面面都要有所涉猎，思想要敏捷，学生无论谈论什么话题都要说得上话，不让学生看低，以渊博的知识让学生看不到"底"，让学生佩服，让学生肃然起敬，把纪律挺起来，把个人的威信立起来，把师者的形象树起来。

学习是增强辅导员知识储备的最基本、最重要的途径。辅导员不仅要加强思想政治理论的学习，能站在政治的高度看待大学生思想政治工作，把立德树人放在前面，更要学习岗位专业知识，掌握工作方法和工作艺术，这样才能在解决学生问题时有底气、有自信。

把握社会热点对学生进行思想政治教育，往往会收到事半功倍的良好效果。作为辅导员，要善于把握与学生相关的社会热点，善于分析和抓住社会热点中的价值点，以座谈、研讨、辩论、文化活动等方式引导学生进行讨论和思考，引起学生的共鸣和认同，触动学生的心灵，造成积极反响，再因势利导，这样学生会更容易接受和认可辅导员的教导，并愿意身体力行。如曾经的马加爵事件、重庆公交坠河事件等，只要选好事件中的教育点和价值引领点，不仅话题新颖，而且能用事实说话，可以有效地吸引学生，对学生的教育意义更佳。

4. 良好的学生发展指导能力

高校辅导员的发展指导能力主要由职业规划与就业指导、心理健康教育两方面构成。辅导员长期扎根于学生工作，对学生情况了解较为全面，可以根据每个学生的实际情况，有针对性地发挥职业规划与就业指导的作用。辅导员实现专业化要具备良好的学生发展指导能力，主要体现在对学生未来职业选择和发展进行科学合理的规划。辅导员要具备职业规划能力、就业指导能力、创业指导能力，引导学生多方面发展，帮助学生实现就业梦想，鼓励学生努力奋斗，从而实现自身价值。辅导员实现专业化还要具备良好的心理健康教育能力。大学生心理健康问题普遍存在，影响了大学生的健康发展。辅导员要提高自身心理健康教育的宣传能力，切实掌握心理健康教育相关知识，举办多种心理健康活动，从而潜移默化地对学生进行心理健康教育。此外，辅导员应具备较强的团体辅导和个体辅导能力，通过微信、一对一谈话等多种方式对学生的心理情况进行摸底排查，引导学生进行自我探讨。团体辅导要求辅导员要营造一个温暖、包容、安全的讨论环境，解决学生共同关心的问题。除此之外，学生心理危机事件的干预能力，是辅导员应具备的重要能力，并在一定程度上体现着辅导员的专业化水平。

二、高校辅导员专业化的发展现状

（一）概述

在新时代"大众创业、万众创新"的情景下，创新创业教育逐渐成为高校教育改革和发展的新方向。当前的新形势给大学生进行更好的创新创业提供了新的环境，也提出了新的目标，高校辅导员需要牢牢抓住这个政策导向背景，使工作契合社会发展的需要。但是，在实际调查中发现，当前高校辅导员的工作重点及职业能力锤炼大都集中在对学生的日常管理工作上，未能根据双创背景需要对学生进行有针对性的教育和指导。另外，辅导员日常管理工作不仅耗费时间长、繁杂事情多，肩负的责任和压力也大，长期重压让一部分辅导员丧失了工作积极性，特别是部分辅导员看到升迁无望之时更是产生了职业倦怠心理。因此，高校辅导员应适应当前双创教育发展形势，在规划职业发展的过程中，给予自身一个明确的角色定位，通过不断增强个人职业素养，消除辅导员可能会出现的职业倦怠心理，从而促进高校辅导员在双创背景下的能力提升，进而促进其职业能力的发展。

（二）现存问题

1. 专业活动质量不高

繁杂性是高校辅导员工作的重要特征，这决定了高校辅导员往往忙于事务性工作，习惯于经验而不是科学地开展工作。这固然有其客观因素，但正因如此，众多学者才会呼吁要为辅导员松绑、减负，他们认为过多的事务性工作导致辅导员陷入日常事务，而没有时间和精力兼顾专业发展。高校辅导员过多、过杂的事务性工作，的确需要相关职能部门为其减负，但从另一个角度看，高校辅导员结合工作实际提升工作效率的投入与探索还是太少。他们没有借鉴科学理论和通过学术研究探寻更有成效的辅导员工作思路、模式、方法，没有把自己所从事的工作看作一个专业，没有把自己正在进行的活动视为专业活动而去探索提高活动质量。

通过个别访谈，发现高校辅导员认为他们在工作之余投入工作思考的时间较少。部分辅导员将原因归结为工作太忙，认为自己工作之余的时间大部分都用在处理学生的突发事件、与学生谈心、公寓值班、走访学生寝室等。这种情况在客观上是存在的，高校辅导员的工作时间往往超出法定的 8 小时工作时间。但是，辅导员每天工作时间之外的其余时间是否都在处理这些事情？是否每天都有突发事件要处理？是否每天都要化解学生的各种矛盾、解决学生的种种问题？情况并非如此。这说明两个问题：一是高校辅导员的时间观念及对时间的利用效率存在问题；二是高校辅导员的工作缺乏技术性，没有通过提升专业技能把自己从繁杂的事务中解放出来。其实高校辅导员自己也非常清楚，他们在工作上投入的时间比较多，但在利用业余时间反思工作成效、整理工作心得、撰写工作日志、学习专业理论等方面投入的时间很少，这是被众多高校辅导员忽略的重要事实。有远见、有目标、有追求的高校辅导员会利用自己的业余时间积累专业知识、总结专业经验、提升专业技能；但大部分高校辅导员没有将业余时间投入专业发展的活动之中，影响了辅导员专业发展的实现。

2. 专业归属不清晰

专业是"专业化"的前提和基础，新时代高校辅导员队伍专业化发展的突出制约问题在于辅导员这一职业的专业归属问题，缺乏学科支撑体系。目前默认为是依托于思想政治教育这一学科，但却有些牵强。思想政治教育专业培养的主体是高校思政课教师，而不是高校的辅导员。思想政治教育专业培养的内容和方向对于辅导员的现实工作来说缺乏真正的指导意义。辅导员工作内容涉及多个学科知识，未来辅导员的依托专业可能为思想政治教育，或为管理学、社会学等相关学科，甚至需要专门开设辅导员学专业。

由于辅导员的专业归属不明确，导致辅导员工作职责范围十分广泛，如对学生进行有效管理应掌握管理学的相关知识，对学生的心理问题进行疏导应掌握心理学的相关知识等。正因如此，辅导员的学科理论知识体系构建也存在较大的难度。由于缺少完善的学科理论支撑体系，辅导员职业培训存在碎片化、简单化、片面化的问题，培训内容缺乏系统性、完备性及延续性，导致队伍专业化建设缺乏可持续发展。同时，由于辅导员没有明确的专业归属，导致辅导员人员构成学科背景多样化，大部分高校招聘辅导员都是"专业不限"，甚至理工科专业也可以从事辅导员这一职业。但由于学科背景不同，理工科专业辅导员难以在短时间内掌握思想政治工作基础理论知识，导致辅导员思想政治教育与价值引领这一主要职能被削弱，从而无法实现思想政治工作的实效性。

3. 辅导员专业化培养培训体系不健全

高校辅导员队伍专业化培养培训体系是指一套能够满足辅导员职业发展、提升辅导员总体业务能力水平、促进辅导员队伍可持续建设发展的体系。辅导员队伍的专业化培养培训体系不健全，主要表现在培养培训内容存在局限性。掌握专业的知识和技能是辅导员队伍实现专业化发展的必要保证，需要根据实际工作内容对辅导员进行思想政治教育学、管理学和心理学的系统培养，鼓励辅导员将所学的理论知识应用到实际工作中。

因此，高校应侧重对辅导员开展系统性的、持续性的理论知识培训，从理论层面确保辅导员对学生工作的正确认知，引导辅导员积极探索工作规律。但由于辅导员缺乏专业归属和学科支撑，倘若仅仅依托于思想政治教育这一学科，容易导致培训的简单化、碎片化。培训缺乏长期、系统的规划，培训内容不够深入和全面，会对辅导员的工作缺乏实际的指导作用。新入职的辅导员大多数为应届毕业生，他们缺乏相关的工作经验，知识结构较为单一，但辅导员工作涉猎范围广、内容多、难度大，导致新入职的辅导员因为培训简单而无法适应高强度的工作要求，容易产生职业倦怠。因此，高校要不断加强对辅导员培训的针对性，完善初级、中级、高级三个不同等级的培养和培训方案，培训内容要具有鲜明的时代价值，将培训工作做到与时俱进。

第二节　高校辅导员专业化的发展

一、高校辅导员专业化建设的历史考察

专业化建设具有历史性、长期性、根本性、稳定性的特点，高校辅导员专业化建设与我国的党史、国史、高等教育发展史密切相连，从历史上看，每一次党的政治路线的调整都对高校辅导员工作提出了新的要求，这也是时代发展的具体体现。考察高校辅导员专业化建设的历程，不仅有助于了解高校辅导员制度产生的时代背景，还有助于科学总结专业化建设过程中的经验特点，为进一步优化和完善高校辅导员专业化建设奠定基础。

（一）高校辅导员专业化建设的嬗变轨迹

中华人民共和国成立以来，高校辅导员制度在党和国家科学有序的政策指导下不断探索实践和发展完善，制度体系逐渐形成，且更趋向系统化和科学化。对高校辅导员专业化建设的历史考察，一是横向梳理，二是纵向分析。以一系列高校辅导员相关政策文件为基础，从历史维度对高校辅导员专业化建设进行系统全面的考察，深入分析高校辅导员制度在不同时期所包含的具体内容、要求和规定，以及高校辅导员制度是如何随着时代的发展逐步实现更新和完善的。

1. 孕育与形成阶段

中华人民共和国成立后，党的工作重心转移至经济建设，迫切需要培养又红又专的社会主义革命建设者和接班人，高校成为培养高素质人才的主阵地，党和国家高度重视高等学校的政治与思想教育。因此，在继承抗日军政大学政治指导员制度的基础上，实行了政治辅导员制度。从1949年到1965年这段时间是我国高校辅导员制度的孕育与形成阶段。

（1）设立高校政治辅导员处

中华人民共和国成立初期，百废待兴，国家建议需要大批人才。人才离不开教育，而教育要培养正确的人，自然需要正确的思想政治工作。1949年12月23日，第一次全国教育工作会议在北京召开，会议明确了政治与思想教育是中国教育的重点，同时，明确了这一时期"教育工作要为政治服务"的方针，这在当时复杂的政治形势下是十分正确和必要的。1950年10月，为确保党的教育方针贯彻落实，加强学校的政治与思想教育工作，党中央发出重要指示，高等学校普遍建立党组织和共青团组织，确立了党在高校中的政治领导地位。1951年11月，政务院批准了一项报告，要求设立政治辅导员，主要负责政治学习和思想改造工作。这是中华人民共和国成立以来，党中央首次提出在我国高校建立政治辅导员制度。1952年10月，教育部颁布文件，提出在全国高等学校设立政治辅导处，设置专门指导政治理论学习的政治辅导员，随时了解和掌握教职工和学生的思想状况和政治动态。随后，全国各高校陆续设立政治辅导员处，辅导员逐渐走向思想政治工作的舞台，高校辅导员制度也开始成为高等教育制度中的一颗新星。

（2）建立"双肩挑"政治辅导员制度

随着政治辅导员处的相继设立，高校形成了一支专门开展师生思想政治工作的政治辅导员队伍。为适应党和国家事业发展的迫切需要，大学生数量不断增多，思想政治工作的任务加重。1953年4月，"双肩挑"政治辅导员制度被清华大学校长蒋南翔提出并建立，要求选拔一批品学兼优、又红又专、组织能力较强的高年级学生担任政治辅导员，一肩挑自己的业务学习，一肩挑思想政治工作。这一制度对高校政治辅导员制度的创新发展，发挥了重要的示范、引领作用，同时也培养出了一批为中国建设作出贡献的青年才干。1958年9月，根据教育工作文件的要求，各高校进一步健全了各级党团组织，对党团专职干部和政治辅导员进行了增配。

（3）设置专职政治辅导员

1961年9月，中共中央批准试行《中华人民共和国教育部直属高等学校暂行工作条例（草案）》（简称"高教六十条"）规定在一、二年级设政治辅导员或班主任，这是中共中央的正式文件中第一次提到要在高校设置专职政治辅导员。教育部直属高校积极响应，率先设置，其他部委高校和地方高校紧随其后，这是学生政治辅导员专职化的开端。

（4）设置高校政治部

1964年6月，中共中央批准了高等教育部关于政治工作的报告，该报告建议在高教部和直属高校均设立政治部。其主要任务是负责全校师生的政治思想工作。拟确定北京大学和清华大学为试点学校，从上到下逐级建立政治工作机构。同时，报告提出要在两三年内按 1：100 的比例配齐专职政工干部，干部来源从优秀毕业生中选留。时隔一年，1965 年 3 月，高教部要求政治部迅速建立，充实政工干部。同年 8 月，出台了相关条例，明确了当前政治辅导员应具有的地位、作用、职责等，这标志着高校政治辅导员制度已初步形成。

2. 专业化发展阶段

2017 年，教育部修订出台了《普通高等学校辅导员队伍建设规定》，进一步强调辅导员的双重身份，畅通辅导员队伍"双线晋升"通道；及其配套文件为辅导员专业化发展制定了较为完善的制度标准。2004 年，中共中央、国务院《关于进一步加强和改进大学生思想政治教育的意见》各学校要根据自己辅导员队伍的实际情况，在充分调研和听取辅导员建议诉求的基础上，制定符合自己学校教学发展特色的辅导员专业化、职业化发展对策，为每一位辅导员量身定制属于自己职业的发展路径，在对策的制定上一定要和大学生思想道德培育结合起来，使辅导员队伍真正成为又红又专、德才兼备、育人为本、服务学生、为人师表的高素质人才队伍。当前，新时代对大学生思想政治教育提出新的挑战，这就需要辅导员在工作中不断学习、加强自我素养，不断强化专业能力，迎接新的工作挑战。

国内对高校辅导员专业化、职业化研究起步较晚，但随着时代的发展和国家对辅导员专业化、职业化发展的重视和相关政策理论的支持，其相关领域研究成果越来越多。在辅导员专业化、职业化培育过程中，许多高校走在前列，如天津大学、山东大学早在 2006 年就出台相应政策加强辅导员的职业化建设。目前高校辅导员大多数还停留在学生事务管理者这种身份，主要负责学生的奖助学金统计发放、宿舍管理、学生请销假、团学活动开展、组织各类竞赛报名、联系用人单位组织招聘会、统计就业信息等，且工作任务繁杂重复，经常加班加点，没有专业上升空间，许多辅导员工作几年后就会产生职业倦怠，选择转岗到学校其他行政部门。辅导员产生职业倦怠的主要原因是没有上升空间，专业化、职业化没有纳入辅导员职业体系建设，有些学校虽然在这方面做了试点工作，但辅导员专业化、职业化培育体系建设不成熟，缺乏实践经验。

辅导员应尝试如何从学生事务管理者的身份转变成为研究型专业化人才，要从繁杂的学生管理服务中解放出来，进行学生教育管理科研理论研究，研究的成果可以促进学生思想政治教育工作更好地开展，促进新时代高校大学生德智体美劳全面发展，对大学生价值观、思想引领起到更好的引导作用。对学生的思想政治教育要建立在专业化研究的理论基础上，辅导员职业化专业化建设不仅能够提高辅导员的工作兴趣和动力，而且对学生培养和发展可以起到良好的引领作用，对学校培养高素质人才也具有积极作用。

（1）专业化培养高校政治辅导员

为解决高校思想政治工作队伍存在的数量不足、队伍不稳、后继乏人、业务水平亟须提高等问题，教育部决定从根本上解决高校政治辅导员专业化问题，在条件相对成熟的高校设置思想政治教育专业，培养更加专业的思想政治教育工作者。1984 年 4 月，教育部批准了 12 所院校设立思想政治教育专业。到 1986 年，全国有 30 多所高校设立了思想政治教育专业，这些高校培养出的学生毕业后很多人都留在高校从事政治辅导员工作，成为思想政治教育工作的骨干力量。1987年，国家教委印发《关于思想政治教育专业培养硕士研究生实施意见》，决定从1988 年开始招收和培养思想政治教育专业硕士研究生。1999 年，思想政治教育专业正式设立硕士点。1996 年，马克思主义理论教育与思想政治教育学科博士点在中国人民大学设立。专业学科的建设成为培养思想政治教育工作专门人才的有效途径，实现人才培养向纵深发展。

（2）实施培训制度和聘任制度

在抓人才培养的同时，党中央针对高校政治辅导员队伍建设存在的问题，连续出台了相关文件。1984 年 11 月，中宣部、教育部联合印发了《关于加强高等学校思想政治工作队伍建设的意见》，对高校思想政治工作队伍提出了较高的要求，对队伍所具备的政治素质、理论水平、发展培养、待遇保障等方面作出了具体规定，第一次提出了激励和退出机制，同时也首次提出"正规化"培训队伍，强调制订长期的培训计划。历史证明，这一要求具有长期的指导价值。1986 年，中共中央、国务院批准《国家教委关于加强高等学校思想政治工作的决定》，首次以党中央名义对高校思想政治工作进行整体部署。该决定明确规定了正式辅导员的工作内容、要求、选拔、发展等。同年，国家教委颁布了《关于选配品学兼优的应届毕业生充实高等学校思想政治教育工作队伍的通知》，进一步拓展了思想政治教育工作队伍的来源。1987 年，国家教委在《关于在高等学校学生思想政治工作专职人员中聘任教师职务的实施意见》中首次要求，对政治辅导员实行教师聘任制。同年 5 月，中共中央颁发了相关规定，肯定了"双肩挑"做法的现实意义，将高校学生思想政治工作专职人员列入教师编制，实行职务聘任制。1989年，国家教委对教师编制指标、评聘权限、待遇等问题作出说明，高校思想政治教育专职人员的职务聘任制度得到进一步保障和完善。

（3）优化辅导员队伍结构

经济建设和思想政治工作必须坚持"两手抓，两手都要硬"。随着我国改革开放进程的不断推进，经济全球化、政治多极化、文化多样化使各种矛盾冲突此起彼伏，大学生的成长环境日益复杂化和多样化，思想政治教育工作难度不断增加，加强和改进大学生思想政治教育工作是新的历史时期极为重要和迫切的任务。1993年8月，中共中央颁布相关文件，强调要建立一支专兼结合、精干的政工队伍。1994年8月，《中共中央关于进一步加强和改进学校德育工作若干意见》颁布并实施。为贯彻落实《中共中央关于进一步加强和改进学校德育工作若干意见》的精神，1995年11月，国家教委颁布了《中国普通高等学校德育大纲（试行）》，重新规定了1：120—150的专职政工人员与学生配比。可见，辅导员队伍逐渐转向"专职为主，兼职为辅，专兼结合"的模式，这为高校辅导员工作的规范化和职业化发展奠定了基础。1999年9月，思政工作相关意见再次提出，要优化政工队伍结构，选拔德才兼备的中青年干部充实队伍，要对表现突出者进行表彰和奖励，这为新时期高校辅导员制度创新指明了方向。

（4）丰富高校辅导员制度内容体系

2000年6月28日，中共中央召开全国思想政治工作会议，之后教育部颁布了思政工作文件，文件明确了队伍建设的基本原则，划分了辅导员类别和工作周期，再次规定了1：120—150的专职政治辅导员配备比例，并对政治辅导员的培养、管理、考核等问题都进行了明确规定。同时，要求高校积极创造条件鼓励40岁以下专职政治辅导员在职攻读硕博士和进修相关课程，进一步促进辅导员队伍的专业化发展。

3. 内涵式发展阶段

高校辅导员队伍的内涵式发展可以理解为以辅导员队伍自身发展诉求为动力，根据高校的教育发展需要，通过挖掘辅导员队伍的自身潜力、优化队伍内部结构、整合优势资源等途径，促进辅导员队伍理论素养、职业技能、研究能力和自我认同的提升，从而实现辅导员队伍的职业化、专业化和专家化。

辅导员队伍内涵式发展符合目前高校学生管理工作发展情况，既是发展观念的更新改变，也是发展方式转变的必然选择。高校辅导员无论是队伍发展还是个人成长，长期以来一直受到制度不完善、定位不准确、责任范围不明晰、工作内容边界模糊化等问题的困扰。这些问题直接导致辅导员队伍建设没有明确的目标和方向，并且各个高校辅导员队伍的工作重点和模式也有很大差别。

《高等学校辅导员职业能力标准（暂行）》（以下简称《能力标准》）、《普通高等学校辅导员队伍建设规定》（以下简称《规定》）、《关于加快构建高校思想政治工作体系的意见》（以下简称《意见》）等文件的出台和修订，为辅导员队伍建设制度的完善，为辅导员队伍的职责范围、工作内容和个人发展方向提供了参考标准，为辅导员队伍内涵式发展提供了重要指南。任务的明确，在为辅导员队伍提供发展依据的同时，也让辅导员队伍感到了使命光荣、责任重大，这就需要辅导员队伍要有和自身使命责任相匹配的素质能力。

近年来，随着新时代大学生思想政治教育工作的需要，各高校对辅导员队伍建设不断提高重视程度。尤其在岗位数量上，按照《规定》中"师生比不低于1∶120的比例设置专职辅导员岗位"的要求，高校辅导员人数也在增多。据教育部相关数据统计，全国高校专职辅导员数量从 2008 年的 9 万人增长到 2015 年的13 万人，到目前已有 17 万人。辅导员队伍人数的增长解决了以往诸如人手不够带来的诸多问题，同时也迎来了由规模式发展向内涵式发展的机遇。

辅导员队伍内涵式发展是提升队伍自身潜力、建立专业化思想、提升专业科研能力、增强学管研究与实践的主动探索，以提升辅导员工作的获得感、成就感为核心和动力，谋求辅导员队伍专业化、职业化的发展。面对新时代和新发展阶段带来的辅导员队伍的变化和对辅导员队伍的更高要求，必须探索辅导员队伍内涵式发展的实现路径，以达到整个队伍的专业化和职业化。

（1）重视辅导员个人职业能力专业化

辅导员队伍整体内涵式发展是以辅导员个人的成长和专业化为基础的。要引导辅导员个人增强自主理论学习，在实践中探索各种问题，研究其内在规律，上升到理论形成，由"经验化倾向"向"专业化倾向"转变。要帮助辅导员个人寻找自身发展方向，将个人专长、兴趣与职业能力重点方向联系起来，寻求自身专业化方向。借助辅导员大赛、案例、精品项目、课题、思政课教学等专业化的工作成果，体现辅导员的专业化，增强个人成就感和对职业的认可度，让辅导员看到本领域工作的不可替代性，为个人后续发展提供自信和内生动力。

通过辅导员工作室，师生参与专题研究、经验探讨，通过课程专项讲座、政策深入解读宣讲等方式，营造辅导员专业化氛围，鼓励辅导员个人进行主动学习和思考，明确自己的职业价值。

（2）构建合理的队伍培训体系

辅导员队伍内涵式发展的目的是实现辅导员职业能力专业化，而搭建合理的培训体系是提升队伍职业能力的关键途径。在《规定》中已经明确了要建立国家、省、高校三级培训体系。对于国家、省级培训高校要积极参与，考虑年龄结构、职业能力重心发展方向、队伍整体结构等因素合理选派人员，要对培训内容总结提升，全体人员认真研究讨论，将学习成果积极应用于实践，探究普适性与个性化特点，因地制宜，形成一套独特化、科学化的有本校特色的学管方法和理论。同时要经常性地开展高校之间及内部培训交流，比如建立辅导员工作室开展项目建设、经验交流、专题研究，共同分享、共同提高。工作室平台的建立，有利于辅导员分专项在不同领域开展专业化研究，培养整个辅导员队伍各个方面的专家化人才，真正强化辅导员队伍的专业化建设。

高校间的交流也是辅导员培训体系的重要环节，一是邀请国内专家、优秀辅导员进校开展讲座交流，也可以前往优秀兄弟院校，尤其在辅导员工作室、学生管理有特色的高校，进行参观交流学习，促进辅导员队伍拓展眼界、汲取经验、解放思想，达到赶超跨越的效果；二是以辅导员工作室为平台，参与或吸纳其他高校辅导员共同开展学管工作项目研究，数据资源共享，互通有无、特色融合、能力互补，以成果促共建，以获得促共进。

（3）加强辅导员基本业务能力培养

内涵式发展不仅仅是理论知识的学习和总结形成，更要注重在实践中的感悟和升华。辅导员九大工作内容规定的所有内容都是辅导员的基本职责范围，辅导员在有专长的同时必须以掌握所有基本业务为基础，只有具备扎实的基本业务能力，才能发现工作中的问题，才能有的放矢地去探索规律，才能感受到职业发展的乐趣。

辅导员必须在日常的工作中夯实自己的业务能力，基本业务能力培养的好坏是辅导员队伍合格与否的硬性指标，必须做好辅导员队伍各项技能的培训工作，发挥经验丰富的老辅导员的"传帮带"作用，切实做到从实践中来，到实践中去，从学生中来，到学生中去，在实践中锻炼出过硬的基本业务本领。

（二）高校辅导员专业化建设的经验

1.政治性与科学化相结合

中华人民共和国成立后，党和国家高度重视高校思想政治工作，要求"教育工作要为政治服务"，培养一批"又红又专"的人才。高校辅导员制度应运而生，以"政治辅导员"的角色定位主持政治学习和思想改造工作。1953 年,清华大学的"双肩挑"制度明确了这一时期"政治辅导员"主要从事学生思想政治教育工作,同时兼顾好学业任务。改革开放后,随着全国教育工作会议的召开,教育部针对"高教六十条",结合新时期高校学生思想政治工作的实际需要,明确要求高校必须建立一支学生政治思想工作队伍,要求挑选有政治工作经验的人担任。随着改革开放进程的加快,一系列政策文件的出台均体现了辅导员的政治属性,这与当时的时代背景和社会环境是相一致的。

自改革开放到党的十八大,为适应社会变革和高校人才培养目标的要求,关于高校辅导员的相关政策文件更加突出专业化和科学化,如设立思想政治教育专业、开办思想政治教育专业第二学位班、设立学科硕士点和博士点、建立高校辅导员三级培训体系和培训研修基地、推动持证上岗制度和职业资格证书制度等,都是在为高校辅导员队伍建设提供有力的科学化支撑。中国进入新时代以来,对高等教育的要求和时代新人的要求越来越高,为了适应新的变化和要求,我国高校辅导员专业化建设不仅要适应我国政治发展的变化,更要遵循思想政治工作的规律、教书育人的规律和学生成长成才的规律,紧紧围绕立德树人根本任务,将政治性与科学化有机结合,建设一支思想政治素质高、专业化强、创新型的高校辅导员队伍。

2. 传承性与创新性相统一

纵观多年来高校辅导员专业化建设的发展,传承与创新始终是其不断完善和发展的不竭动力。高校辅导员专业化建设需要传承,只有传承历史经验和有益成果才能使高校辅导员制度成为高校辅导员队伍建设的根本保障,使高校辅导员在高校思想政治教育工作中发挥应有的价值和作用。高校辅导员专业化建设要传承历史优良传统,如根本原则,即党的领导,高校是党领导下的高校,是中国特色社会主义高校。坚持党的领导是高等教育的根本遵循,更是高校辅导员专业化建设的根本原则。

从高校辅导员专业化建设的历史演进来看,每一次制度的建立、调整和完善都与党的事业密切相连,都是党和国家对高校思想政治工作和高校辅导员队伍建设高度重视的具体体现,如根本方向,即社会主义办学方向,我国是社会主义国家,始终坚持社会主义办学方向,以培养社会主义建设者和合格接班人为根本任务。从"教育工作要为政治服务"的要求,到"教育要面向现代化,面向世界,面向未来"的倡议,到以立德树人为根本任务,再到"全员、全过程、全方位育人"

理念，高校辅导员制度的根本方向始终在赓续传承。同时，高校辅导员专业化建设更需要创新，随着时代的发展、社会环境的变化，对高校辅导员的要求也在不断更新，这就需要高校辅导员制度能够"因事而化、因时而进、因势而新"。

进入新时代，社会主要矛盾的变化使辅导员制度建设滞后于高等教育的发展和人才培养的需求。时代的变化推动着高校辅导员制度的拓展和创新，在赋予高校辅导员新的角色定位时，也将其不断纳入新的工作队伍当中。职业化、专业化和专家化相对于过去以政治性和经验型为主的高校辅导员队伍是创新，标准化、法治化对于过去粗放式、不稳定的制度保障是创新，近年来高校辅导员年度人物评选和辅导员素质能力大赛的成功举办也是新时代对高校辅导员队伍建设的创新举措。面对新形势、新要求、新任务，只有坚持传承与创新相统一，高校辅导员专业化建设才能发挥更大的作用。

3. 标准化和法治化相促进

改革开放后，随着社会的深刻变革和高等教育的迅速发展，大学生的规模不断扩大的同时，其思想观念也受到一定的冲击，这对高校辅导员工作提出了更高的要求。在这一时代背景下，高校辅导员制度必然要进行调整和革新，专业化和职业化建设被提上日程。1981年，教育部就颁布了相关文件明确了高校辅导员的配备标准，后为优化高校辅导员队伍结构，国教委于1995年再次重申了1：120—150的配备比例。至2005年，《教育部关于加强高等学校辅导员、班主任队伍建设的意见》下发后，进一步明确了专职辅导员的配备原则、选聘标准，使高校辅导员队伍建设步入了科学化、标准化的发展轨道。随着高校辅导员队伍建设的不断发展，教育部近几年专门制定了很多标准化的措施，如高校辅导员职业能力标准、普通高等学校辅导员培训计划、辅导员研修基地建设与管理标准等，在相关政策文件中对辅导员的管理、考核也都进行了标准化的规定和要求。与此同时，作为高校思想政治教育工作的纲领性文件——《中共中央国务院关于进一步加强和改进大学生思想政治教育的意见》颁发后，高校辅导员专业化建设迈上了新的台阶。随着依法治国的不断深入，法治化成为高校辅导员制度的有力保障。教育部《普通高等学校辅导员队伍建设规定》的颁布，对高校辅导员作出了明确的规定，是高校辅导员队伍建设的纲领性和法规性文件。而教育部《普通高等学校辅导员队伍建设规定》的颁布实施，不仅扩充了辅导员的主要工作职责，进一步完善了对高校辅导员职业化、专业化和专家化的要求，更是进一步强化了法治保障。新时代强调全面推进依法治国，高校辅导员制度的标准化和法治化也更加重要。

二、高校辅导员专业发展的特征

我国高校辅导员的专业发展，既具有教师专业发展的一般特征，又有适应辅导员制度与本质的特征。

（一）客观性

高校辅导员的专业发展之所以引起学者的广泛研究，并将其视为实现职业化、专业化、专家化的重要途径，是因为高校辅导员专业发展本身具有客观性特征。所谓高校辅导员专业发展的客观性，一是指高校辅导员专业发展符合时代发展潮流的趋向，具有客观依据与现实基础。随着社会分工在信息社会的进一步细化，任何职业在自身发展过程中都不可避免地走向了专业化及专业发展的道路。中国的高校辅导员与专任教师存在较大差异，专任教师的专业基本一致，但高校辅导员的原生专业却千差万别，有思想政治教育专业的毕业生，也有社会科学、自然科学甚至是理工农医等各种专业的毕业生加入辅导员队伍。要解决来自不同专业的辅导员如何在共同的工作岗位上专业地服务学生这一问题，就必须借鉴其他行业与职业的发展轨迹，推动高校辅导员队伍走上专业发展的道路。二是指高校辅导员专业发展是做好高校思想政治工作的客观要求。在全国高校思想政治工作会议上习近平总书记强调："我国高等教育肩负着培养德智体美全面发展的社会主义事业建设者和接班人的重大任务，必须坚持正确政治方向。"高校立身之本在于立德树人。高等教育如何肩负起这一重大任务？高校如何做到立德树人？高校辅导员是肩负这一任务并实现立德树人的重要参与者，只有实现高校辅导员的专业发展，使其在工作岗位上增强自己的底气，克服众多辅导员存在的恐慌，高校辅导员才能在日常思想政治教育与学生思想政治工作中发挥才能，服务学生。三是指高校辅导员专业发展是辅导员自身成长发展的客观需要。高校辅导员在高校的地位、作用、未来发展的方向等都决定了其对于自身职业稳定性存在忧虑，对岗位的前途普遍较为迷茫，对做好辅导员工作存在困惑，而实现专业发展正是国家顶层设计的推进辅导员队伍建设的有力之举。

（二）过程性

要实现高校辅导员的专业发展不可能一蹴而就。高校辅导员在国家、社会、学校提供的全面支撑与帮助下，不断地参与专业活动，有一个从新手逐渐发展为熟手、再到能手专家的发展过程，体现出鲜明的过程性特征。所谓高校辅导员专业发展的过程性，一是指高校辅导员的专业发展是由不同阶段构成的一个过程链。《高等学校辅导员职业能力标准（暂行）》规定高校辅导员发展有"初级、中级、高级"三个阶段，这几个阶段对应着高校辅导员专业发展的具体过程，在每一个具体过程中，高校辅导员通过参与专业活动而在专业知识、专业能力及专业精神方面都有所提升，在一个个具体过程的叠加中逐渐实现辅导员的专业发展。每一个具体的专业发展过程都是实现高校辅导员专业发展总过程中的一个特定阶段，不可逾越。二是指高校辅导员的专业发展是一个专业素养由低至高逐渐提升的过程。高校辅导员的专业发展，在第一个阶段体现为辅导员职业能力的逐渐提升，表现为对辅导员职业的内在认同；在第二个阶段体现为辅导员专业知识的丰富、实践技能的娴熟、专业精神的养成，高校辅导员成长为专业化程度较高的群体；第三个阶段则体现为高校辅导员在学生工作某一领域内的自我积累达到极高的水平，成长为该领域的专家型人才。这几个阶段是逐级提高的过程，前一个阶段为后一个阶段奠定基础，后一个阶段则是前一个阶段的飞跃。三是指高校辅导员的专业发展是一个否定之否定的过程。高校辅导员的专业发展作为一种阶梯式向上的活动，每一个阶段都是对前一个阶段的发展，是对前一个发展阶段的否定，正是在一次又一次的否定前一阶段的发展成就的基础上，高校辅导员的专业发展过程才能顺利实现。

（三）综合性

高校辅导员的教师与管理者的双重身份，决定了其专业发展不是局部性的发展，也不是单方面的发展。在高校辅导员的专业发展过程中，发展动力、发展要素都具有鲜明的综合性特征。所谓高校辅导员专业发展的综合性，一是指高校辅导员专业发展的实现是内外力综合作用的结果。高校辅导员的专业发展对外在力量有较大的依赖性，主要包括对国家、学校及行业组织的依赖，国家颁布的制度、政策，出台的相关文件与措施为推进辅导员专业发展提供了依据；学校提供的制度、机制、平台、物质等保障，使高校辅导员的专业发展有了坚实的依托；现在已经建成的全国性的辅导员协会、各高校建有的各类论坛、辅导员之家等，为高校辅导员培养培训、交流分享提供了平台。与此同时，高校辅导员的专业发展更是辅导员自我发展的过程，是辅导员个体自身专业素养提升的过程。没有辅导员个体的努力、没有个体自主性的发挥、没有高校辅导员在专业活动中的主动实践，就不会有实践知识与实践智慧的积累，就不可能有专业发展。二是指高校辅导员专业发展的实现是多种要素综合达标的结果。高校辅导员的专业发展，不是某种单一能力或技能的发展，而是多种技能要素综合发展的结果。综合而论，高校辅导员专业发展的专业要素，在结构上包括专业活动、专业知识、专业能力及专业精神，并且是这几种要素综合作用、共同促进的结果。

三、新时代高校辅导员的发展路径

（一）健全职业管理体系

为了减轻辅导员工作负担、稳定辅导员队伍，各高校应该健全职业管理体系，设置兼职辅导员岗位。此外，高校应充分利用业余时间给辅导员进行职业专题培训来提高辅导员的职业道德水平和创新创业能力素养，培训过程中可以邀请教学名师及优秀工作者进行职业专题讲座，鼓励更多辅导员参加专业技能竞赛，展现精神风貌，促进个人职业发展及能力提升，进而增强辅导员的归属感。

（二）明确角色定位

高校辅导员在教育和管理学生的过程中利用心理学及教育学等相关理论知识来武装头脑，明确角色定位，做学生的贴心人和亲人。在学生遇到困难的时候，及时为学生答疑解惑，在明确个人角色定位的基础上引导学生作出正确的价值观判断，促进辅导员个人能力提升，并促使辅导员养成良好的职业道德。

（三）明确终身学习的内涵

在新时代创新创业背景下，高校辅导员更需要时刻督促自己加强学习，努力提升自我，将终身学习的理念贯穿于教育管理学生的始终。因此，高校辅导员在平时工作中需要养成终身学习的好习惯，需要不断学习、相互切磋、取长补短。在不断学习的过程中提升个人能力，促进个人职业道德素质的提升。

四、新时代高校辅导员制度的发展突破

（一）高校辅导员制度的作用

高校辅导员制度作用体现在高等学校的办学中所发挥的独特功能上，高校辅导员制度的功能具体表现在以下几个方面。

1. 保证与维护功能

（1）确保社会主义大学人才培养目标的实现

培养什么样的人、如何培养人，关系到高校坚持什么样的办学方向，以及如何坚持这样的办学方向。根据党的教育方针的内容，虽然处于不同的历史时期，

但由于党的工作的中心任务不同，教育方针体现的具体内容也就不同，培养德、智、体、美、劳全面发展的社会主义建设者和接班人是一个一贯的教育目标。除了课堂上的理论教育，还要加强实践教育。

（2）促进高等教育的改革和发展

改革和发展是时代的主旋律。对高等教育而言，改革是积极适应经济社会发展需要，提高高等教育现代化水平，实施"人民满意教育"的客观要求。高校改革与发展的实践表明，学生是高校的主体，是高校改革的发起人，参与者和利益相关者，观念的更新和解放使大学生成为高校改革的动力。改革和发展过程中必然存在各种矛盾和问题。面对这些问题，高校辅导员应坚持贴近大学生、贴近现实、贴近生活的原则，深入广大学生，通过讨论和交流，引导大学生正确认识改革过程中的矛盾和问题，正确处理个人利益和国家利益的关系，处理短期利益和长期利益的关系，帮助学生解决学习和生活中遇到的困难，增强大学生改革的信心。

（3）维护高校和社会的稳定

稳定是推进改革和发展的政治重点。改革是前提，发展是目标，稳定是关键。没有稳定的环境，任何形式的改革都不会成功。随着改革的深入，各种矛盾和社会问题日益突出。高校中的不稳定因素越来越多。高校是各种思想的集散地，高校的稳定直接关系到社会的稳定。因此，改革开放以来，高校把维护稳定作为大学生思想政治教育的第二项重要任务，在党委的统一领导下，高校辅导员努力走在大学生思想政治教育的第一线，密切关注不同时期的社会热点话题，通过政治教育、思想领导、情感咨询、心理咨询与就业咨询等途径，有效疏导学生的思想情感，解决一些矛盾和危机，维护和保障了高校和社会的稳定。

2. 象征和示范功能

根据新时代的发展要求，辅导员职业形象必然具有政治信仰和价值标准等象征意义，由此产生各种教育的象征功能。在众多的辅导员职业形象塑造因素中，政治性是其重要组成部分，要求辅导员工作必须具备正确的政治方向及价值观。在高校全方位、全过程思政育人过程中，高校辅导员的日常工作促使大学生切身感受其职业形象本身的政治性及价值象征性，大学生政治信仰和价值观的选择往往与辅导员职业形象潜移默化的影响息息相关。在特殊历史环境下，我国高校创设了政治辅导员岗位，旨在加强大学生的思想政治教育，为国家输送政治合格和德才兼备的人才。

新时代高校辅导员工作既要强化对学生的政治价值观引导，还要加强对学生的学业管理、理想教育、事务管理和心理教育等，这就直接导致辅导员的职业内涵和外延日趋扩大。《关于进一步加强和改进大学生思想政治教育的意见》中，将传统的政治辅导员称谓正式调整成辅导员，看似弱化了我国辅导员的政治功能，但在辅导员的综合素养要求中，政治性仍是辅导员岗位最重要的属性。在社会主义建设者和接班人的培养过程中，高校辅导员职业形象的政治性对人才培养仍具有极其重要的影响。高校辅导员作为学校、大学生和教师之间的纽带，应当改变传统的思想政治教育方式，对大学生实施柔性管理，运用引导和疏导方式帮助大学生群体树立坚定的政治理想和价值追求。

示范功能是指高校辅导员的榜样作用。高校辅导员独特的职业形象能够引起大学生强烈的认同和模仿。在高校思政工作中，大学生群体与高校辅导员密切接触和互动，了解了高校辅导员职业形象中的具体内涵并在潜移默化中塑造大学生自身的价值观，由此可见，辅导员职业形象彰显出极强的示范功效，它对大学生的思想品德和日常行为影响深远。美国心理学家阿尔伯特·班杜拉（Albert Bandunra）认为人们所表现的行为，大多数是通过有意识或无意识的模仿而学习到的。在培养和提升大学生思想素养的过程中，大学生往往会模仿高校辅导员的日常行为。

高校辅导员在关爱大学生日常学习和生活的过程中，其认真负责程度会对大学生的学习产生较强的示范作用。高校辅导员职业形象具有权威性，这也使其言行具有强烈的示范性，尤其是高校辅导员在应对学生突发状况时，所呈现的沉着应对、科学处理及善后安抚等职业能力，潜移默化地影响着大学生对高校辅导员职业形象的认知。此外，辅导员的职业形象对于大学生职业习惯的养成也具有长期的示范作用。在日常工作中，高校辅导员面对大学生遇到的实际问题，以责任心和敬业精神为学生提供精密细致的咨询服务，这些日常工作所呈现的职业形象会成为大学生谋划职业发展所效仿的对象。思想政治教育是高等院校各项工作得以顺利开展的基础，而思想政治教育工作的组织和开展离不开辅导员的日常工作，为此辅导员应该对所要担负的职责有全面、深刻的认知，借助于良好的职业形象引导大学生德、智、体、美、劳全面发展。高校辅导员既要教书育人，也需要对日常的教学工作实施管理，如班级建设、班会召开、心理疏导和思想引领等。在塑造高校辅导员职业形象的过程中，想要确保以上教育目的的顺利达成，应该尽可能地施展辅导员职业形象的示范功效，通过发挥辅导员榜样示范作用，引导大学生成为合格的社会主义接班人。

3. 文化建设功能

校园文化是大学教育与管理的重要载体。建设良好的校园文化，是大学办学的重要任务。高校辅导员制度在校园文化建设中发挥着重要作用。

一是政治文化建设。政治文化建设是高校思想政治教育和精神文明建设的重要方面。通过系统、持续的马克思列宁主义、毛泽东思想、邓小平理论、"三个代表"重要思想、科学发展观和习近平新时代中国特色社会主义思想的教育，使学生树立良好的政治认同和政治信仰，坚定和自觉地追求中国特色社会主义理想，创造具有持久影响和教育作用的良好政治文化。

二是大学文化建设。大学文化建设是校园文化建设的关键。大学文化对大学生的发展和成功至关重要，关系到学生是否具有正确的学习风格、严谨的态度和学术诚信，特别是在实施素质教育、培养学生创新精神和实践能力的过程中，必须营造浓厚的创新文化氛围。辅导员通过多种途径积极引导学生的学习风格、创新思维和创新精神，配合专业教师，纠正学生学习和学术活动中的一些消极倾向，营造公平的学术氛围。

三是行为文化建设。校园行为文化是教师、学生和员工在教学、管理和服务过程中形成的活动文化，是教师、学生和员工在这些活动中的行为倾向。在社会主义荣辱观教育、行为规范教育和培训教育中，辅导员要引导学生树立科学的行为规范，养成正确的行为习惯。

四是环境文化建设。环境意识和环境伦理教育是高校思想政治教育和文化素质教育的重要组成部分，通过有组织、有针对性的环境知识和道德教育，大学生能够正确理解人与土地的关系、人与自然的关系、人与其他物种的关系，进而深刻理解人的存在本质，从而树立保护环境的责任感和使命感，自觉参与生态文明建设。

（二）高校辅导员制度发展的启迪

我国高等教育发展的新时期，对辅导员来说，既是机遇也是挑战，不仅是工作内容和工作领域的充实和拓展，还需要辅导员自身素质和整体队伍的战斗力的提高和增强。作为高校辅导员，要分析新问题、不断创新思维、大胆探索，做好新时期的学生思想政治教育和管理工作，为学生成才服务。在新的阶段，要认真总结辅导员制度发展的规律，进一步完善辅导员工作制度，为培养合格的人才提供保障。

1. 建设高效能辅导员队伍尤为必要

高校辅导员制度是我国社会主义大学的特色之一。辅导员制度建立以来，辅导员作为高校思想政治教育的重要力量，一直活跃在大学生中，始终走在高校思想政治教育的前列。辅导员工作是高等教育的重要环节，其作用不容低估。特别是在保证高校社会主义办学、维护高校稳定方面发挥了十分重要的作用。高校辅导员不仅是教育者，也是学生的监护人。他们在联系学校、社会和学生家庭方面发挥着重要作用。因此，建设一支高效的辅导员队伍，充分发挥高校辅导员在我国思想政治教育中的传统优势，已成为一个值得深入探讨的重要课题。

2. 专业化、职业化素养的科学化考核体系

高校要结合自身实际，建立科学化的绩效考核评价指标体系。由于辅导员的工作无法完全量化，每个辅导员面对的学生的水平和层次各有差别，而辅导员的大部分工作和思想政治教育与培养学生的素质相关，没有一个定量的尺度来衡量，因此应该采取定性和定量相结合的方法来建立科学合理的考核体系。比如，一方面将师德、师风、工作态度、育人能力等纳入考核指标，由学生和教师来进行评价打分；另一方面对辅导员事务性工作，包括学生的日常事务的完成效率和准确率，学生的就业率、考研率、挂科率、违纪率等按照学校制定的标准和完成情况进行逐一评价，在此基础上优化激励机制、树立典型和榜样，做得好的一定要给予奖励，与辅导员晋升、职称评定挂钩，保持辅导员职业晋升渠道通畅。对考核中遇到的问题要及时整改、加强督促，提升辅导员工作的积极性，避免职业倦怠。

经费保障为辅导员专业化、职业化提供基本的支撑条件。学校应划拨辅导员专项资金，用于专业培训、参加会议交流、辅导员专项课题建设、辅导员工作室建设及日常工作经费。经费的使用应该专款专用，建立清晰的台账制度，用于辅导员专业能力提升项目建设。

3. 辅导员制度发展的各种分歧与矛盾不容忽视

围绕着辅导员的作用发挥和队伍建设，社会、高校、辅导员自身、大学生等群体还存在着不同的认识，辅导员的素质和发展要求的矛盾还非常突出，高校对思想政治工作放松的现象还比较明显，辅导员自我认识偏差、工作效能低、队伍积极性低是普遍存在的问题。当然，还有辅导员职业自身存在的一些矛盾及大学生、社会对辅导员职业的认识，这些矛盾交织在辅导员身上，直接影响辅导员作用的发挥。这些矛盾反映出高校对辅导员实际角色认识不够，反映出高校辅导员的地位不高，反映出高校管理体制中的深层次矛盾。这些分歧和矛盾不容忽视，它们会影响高校辅导员制度的发展。

4.加强职业指导，激发自身发展愿景

辅导员队伍的专业发展不仅需要外部激励机制和培训平台的支持，更需要对这项工作的真诚认可和热爱。要激发辅导员的发展观，必须加强辅导员职业生涯规划指导，引导辅导员入职后尽快稳定职业锚，增强职业认同感，明确自己不同阶段的发展目标和具体路径，引导他们摒弃经验工作模式，以积极、高效的工作态度提高职业能力，满足职业发展要求。

（三）高校辅导员制度的发展突破

1.内部条件更加成熟

高校辅导员专业发展的外部环境极为重要，它在一定程度上左右着高校辅导员专业发展的实现及其实现程度。但其内因才是实现高校辅导员专业发展的关键。根据社会认同理论的观点，如果群体自身的劣势不能被否认，成员就会更倾向于离开这个群体，而加入一个高地位的群体，从而得到更高的社会认同。经过多年的培养培育，高校辅导员的自我认同逐渐增强，辅导员专业发展的内部条件更加成熟。

（1）高校辅导员专业发展的意愿逐年增强

我国专职辅导员人数从 2006 年的 6.9 万增加到 2016 年的 13.3 万。整体来看，其配备已达到国家要求。从各高校辅导员招聘报考人数可以看出，大量毕业人员愿意从事辅导员这一职业。虽然不排除个别人员想通过高校辅导员职业这道门槛跨入高校这个环境，或意图以高校辅导员为跳板转岗发展，但相信绝大多数报名参加高校辅导员招聘的人员是真心希望从事这一职业的。大量事实也证明，高校辅导员走上工作岗位，大都能安心工作。

（2）女性辅导员的岗位稳定性较大

对于女性而言，高校辅导员职业是一个较为稳定且有成就感的工作，这使得女性辅导员大多能坚守辅导员岗位，较少有女性辅导员转岗或者考博。从客观上讲，与男性辅导员相比，女性辅导员在岗位工作期间得到晋升提拔或转岗的机会相对要少，但这也使得大多数女性辅导员更能安心于目前从事的岗位，能够全身心地投入，与学生打成一片，融入他们的学习和生活，与学生同甘共苦，分享成功的喜悦，共同经受挫折。在与学生的相处中，女性辅导员能够得到较大的成就感与收获。

（3）男性辅导员的在岗意愿逐年提升

总体而言，从事辅导员工作的男性要少于女性，但男性辅导员在行政职级晋升方面的优势也使不少男性选择了辅导员这一工作岗位。在过去很长的时间里，男性辅导员对辅导员职业的认同度相对偏低，他们的离心力较强，大多数人把高校辅导员作为他们在行政职级方面获得晋升的一个跳板。但近年来，随着辅导员地位的提升、社会认可的增强等，越来越多的男性辅导员愿意长期从事辅导员工作，他们的在岗意愿也呈逐年上升趋势，这对辅导员队伍的稳定性及辅导员专业发展具有重要意义。

2. 意义理解不断提升

随着高校辅导员专业化建设的推进，越来越多的高校辅导员对本身职业的意义有了更深入的理解。

（1）高校辅导员工作直接关系到党的事业的后继力量

习近平总书记在全国思想政治工作会议上明确指出："我国高等教育肩负着培养德智体美全面发展的社会主义事业建设者和接班人的重大任务，必须坚持正确政治方向。"高校如何培养德、智、体、美全面发展的大学生，如何确保所培养的大学生能够成为社会主义的合格建设者与可靠接班人？解决这些问题的关键是做好高校思想政治工作，核心是提高辅导员的实际工作成效。也就是说，高校辅导员工作的实际成效直接关系到我国社会主义现代化建设事业后继力量的强弱。对于高校辅导员工作的这一根本意义，越来越多的辅导员逐渐加深理解并贯彻于工作始终。为此，他们自觉地坚定共产主义远大理想和中国特色社会主义共同理想，以中国特色社会主义理论武装自己、教育学生。

（2）高校辅导员承担着立德树人的伟大重任

立德树人是中国特色社会主义高等学校的立身之本，那么是谁在高校立德树人？在人们的旧印象中，立德树人的承担者只是任课教师，高校辅导员并不育人，只是普通人员，但现实与此截然不同。在中国的高校运行体系中，虽然教育部多次强调所有的科任教师都具有教书育人的职责，但更多的任课教师只是知识的传授者，他们大多上课来下课走，缺乏与学生之间的沟通，除思想政治理论课教师及部分与此相关的社会科学课程教师以外，大多数任课教师都很难对学生进行意识形态、思想道德素质、心理健康素质等方面的引导。相反，高校辅导员才是大学阶段与学生相处时间最多的老师，他们与学生共同组织活动，参与社会实践，解决学生的实际问题，对学生存在的问题加以正确引导，如资助、学习、情感、道德等问题。正是在处理这些事情的过程中，高校辅导员发挥了育人功能。越来越多的高校辅导员逐渐认识到，自己肩负的使命是育人，是立德树人，这份伟大的事业值得做，也应投入地做。

（3）高校辅导员工作在繁杂中见价值

针对高校辅导员工作的繁杂琐碎，部分学者及社会人士对此持批评态度，或者认为繁杂琐碎的事务性工作会限制高校辅导员的专业发展，由此认为高校辅导员的工作价值不足。殊不知，中国高校辅导员制度的设置决定了这些繁杂琐碎的事情正是高校辅导员的工作任务。这些事务性工作固然烦琐，但对每一个学生而言却是与自己的学习生活、成长发展息息相关的事情。辅导员正是在处理这些繁杂琐事中服务学生、引导学生、教育学生，从而完成工作要求、实现自我价值。对此，高校辅导员普遍能够端正态度，正确对待日常工作中所面对的这些繁杂琐事，耐心、负责地为学生解决好各种问题。当然，这并不是说高校辅导员就必须无限制地从事繁杂琐碎的事情，各高校及相关职能部门应该逐渐厘清高校辅导员的工作范围，把不属于高校辅导员承担的任务剔除出去，为高校辅导员的专业发展提供充裕的时间。

3. 学术科研持续进步

学术科研是高校辅导员专业发展的生命之源，结合实际开展学术研究活动能够有效地推进高校辅导员的专业发展进程。

（1）高校辅导员学术科研基础良好

目前的高校辅导员普遍是硕士毕业，甚至有部分高校辅导员具有博士学位，尤其是随着辅导员专项计划的实施，越来越多的高校辅导员有机会攻读博士学位，提升学术科研素养。但无论是硕士毕业还是博士毕业，都说明我国的辅导员已经具备从事科学研究的基本功，虽然他们并不是思想政治教育专业毕业，但在大学生思想政治教育这一极具实践属性的工作面前，他们完全能够从中发现问题、分析原因，并展开有价值的研究。具体来说，首先，高校辅导员深入学生第一线，掌握信息最丰富、情况了解最深，具有从事科学研究的独特优势，有做好与大学生思想政治工作相关的科学研究的基础；其次，高校辅导员学缘结构好，相互间可以形成团队，开展学术科研，不同背景、不同专业的辅导员，正好形成良好的团队，基于不同的思维模式和研究方向，可以在学科交叉中找到新的研究兴趣点；最后，高校辅导员是独特的思想政治教育政策与资源的掌握者，高校辅导员往往掌握着党和国家及学校颁布的政策与信息，这些政策与信息普遍具有前沿性，高校辅导员完全有条件运用好这些资源开展学术研究，这是高校辅导员的独特优势。

（2）高校辅导员学术科研成效显著

基于独特的优势，加之近年来职业化、专业化、专家化的推进，不少高校辅导员逐渐认同自己的职业，会投入时间和精力到科学研究中，并在学术科研方面取得较好的成效，主要体现在三个方面。

第一，高校辅导员学术科研意识越来越强。高校辅导员逐渐认识到科学研究的重要性，了解到科学研究对工作成效提升、自我待遇改善、职称评聘及转型升级都具有重要意义，因此在工作过程中或总结自己成功的辅导员工作经验，或通过查找问题提出对策，产出众多有价值的科研成果。

第二，高校辅导员学术科研训练逐渐规范。科学研究作为一项学术活动，需要科学思维能力，也需要一定的学术训练，掌握一定的学术技巧，尤其需要一定的学术素质。近年来，教育部组织各类培训、提供专项课题，各地方教委/教育厅及各高校也都设立思想政治教育或辅导员专项课题，加上各高校专门组织对辅导员的科研培训，高校辅导员的学术规范逐渐养成，学术水平也得到了提高。

第三，高校辅导员学术科研层次逐渐提升。随着高校辅导员学术意识和学术训练的加强，高校辅导员逐渐明确了学术科研的方向，学术科研层次得到逐渐提升，申报"教育部人文社会科学研究专项任务项目（高校思想政治工作）"的人数越来越多。普遍而言，高校辅导员开始逐渐认识到学生工作的价值，也愿意投入时间和精力开展学术研究。他们把研究重心由原来所学专业转向与学生工作相关问题的研究，如思想政治教育基础理论研究、大学生思想政治教育研究、危机处理研究、大学生心理问题、就业与职业生涯规划研究等，而且在研究方法上也日渐多元，如教学的方法、逻辑与历史相统一的方法、哲学的方法等。

4.学生发展指导能力不断增强

高校辅导员的发展指导能力主要由职业规划与就业指导、心理健康教育两方面构成。首先，辅导员长期扎根于学生工作，对学生情况了解较为全面，可以根据每个学生的实际情况，有针对性地发挥职业规划与就业指导的作用。辅导员实现专业化要具备良好的学生发展指导能力，主要体现在对学生未来职业选择和发展进行科学合理的规划。辅导员要具备职业规划能力、就业指导能力、创业指导能力，引导学生多方面发展，帮助学生实现就业梦想，鼓励学生努力奋斗，从而实现自身价值。其次，辅导员要具备良好的心理健康教育能力。大学生心理健康问题普遍存在，影响了大学生的健康发展。辅导员要提高自身心理健康教育的宣传能力，切实掌握心理健康教育的相关知识，举办多种心理健康活动，从而潜移默化地对学生进行心理健康教育。此外，辅导员应具备较强的团体辅导和个体辅导能力，通过微信、一对一谈话等多种方式对学生的心理情况进行摸底排查，引导学生进行自我探讨。

团体辅导要求辅导员要营造一个温暖、包容、安全的讨论环境，解决学生共同关心的问题。除此之外，辅导员所具备的学生心理危机事件的干预能力，是辅导员应具备的重要能力，并在一定程度上体现着辅导员的专业化水平。

第三节　发达国家和地区学生管理工作的比较与借鉴

一、发达国家学生事务管理特点

（一）美国：制度多元、规范

1. 从理念和模式上看

美国高校的学生事务工作并没有形成统一的制度。美国宪法明确规定，各州议会和政府具有教育行政管理权，因此各州和各地区能够根据自身发展的实际情况制定并发展出最适合本地区各学校的管理模式。这样做一方面能够有效避免单一模式的不足，提高学生事务管理的效率；另一方面契合各高校的具体管理模式，但都服务于自由教育的理念。各高校都注重学生自主管理，支持建立学生自我管理组织，具有一定的自主权。

2. 从工作内容上看

由于美国高校规模差别很大、数量繁多，因此各高校的学生事务工作的范畴并不一致。在大多数高校，对于学生事务工作的要求基本分为两个方面：一是出于向学校负责的职责，包括参与对学校的管理、对学校作出的决定承担责任等；二是出于向学生负责的职责，包括帮助学生成功适应大学生活、塑造和引导价值观的形成，教育学生正确处理人际关系等，为大学生人格塑造期的社会交往提供较大帮助。

3. 从人员构成上看

美国各州的高校都设立高等教育行政专业，目的在于培养高校学生事务领域的专业高级人才，高校还为他们设置了很多具有实践意义的应用型和可操作性的培训课程，不断改进和修订学生管理方面的文件和方法等，提高学生事务工作人员的管理水平。因此，美国高校学生事务工作实效与他们拥有的专业化和专家化的学生事务工作队伍是密不可分的。给我们的启示是：学生工作不能仅限于事务性管理，还需要随着学生的成长和自身职业发展的需要进行持续的学习与深造。

4. 从美国大学生处分来看

佛罗里达州立大学认为，处分在某一主题或社会问题上可以引导学生自我反思，对学校的期待有更深刻的理解，理解个人行为对社会的影响，更加理解自身行为对自己身体和心理、未来职业、课程学习、人际关系的影响。与此类似，弗里斯州立大学认为，通过处分，学生要懂得发挥积极的作用建设社区，理解自身的行为如何影响该社区；学生要懂得为了他们的未来，要作出更好的选择与决定；学生要相信处分他们的老师是值得尊敬的、是为他们负责的人；学生要为他们的行为承担责任；学生要意识到处分的过程是一个受教育的机会。

从美国大学生处分来看，处分的教育意义至少包括两个层次，即戒免性教育与获取性教育。戒免性教育指通过处分，让学生本人及其同学避免再犯错误；获取性教育指通过处分，违规的学生还可以获取某一方面的知识，提升自己的素质与能力。美国大学生处分最大的特征就在于注重二者教育意义的叠加，而这又主要是通过多样化、富有创意、针对性的处分方式实现的。

（二）日本：内容注重道德教化

从学生管理部门上看，日本的学生事务管理由国家和学校两个层面构成，日本成立并整合了学生支援机构独立管理全国的学生事务和支援工作，而学校则会专门设立校内的学生事务局用于管理和协调在校学生事务和支援工作。

从工作内容上看，日本的学生事务工作边界清晰并且非常重视道德教育。日本高校的住宿率较低，一般来说，学校提供的宿舍数量极其有限，大部分学生需要在校园外租房以解决住宿问题。因此，对于从事学生事务工作的人员而言，工作内容被限制在学校以内，不需要延伸到社区工作，边界相对清晰、职责相对明确。日本还非常重视道德教育，由专门的老师负责教学，各个院系会自行针对本院系学生和全校学生开设共同科目或者公开科目，讲授德育方面的内容。

从人员构成来看，日本的学生事务工作人员一般分为事务型和技术型两种。前者主要负责教育支援、学生支援、推进教学国际化、推进"政产学研"合作方面的职责，后者则主要负责设施维护、设施保养、设施检修等方面的职责。日本高校学生事务管理工作相对专业化程度较高，从业人员专心于学生事务管理工作，一般不承担其他工作。当然与我国高校学生事务管理工作不同的是，高校专业教师拥有学生事务管理的参与权和决定权，但参与到一些涉及学生自身利益或者权利方面的事务时，需要征求学生的意见并取得他们的认可。

（三）英国：构建专业化培训体系

英国系统的高校学生事务管理者专业化培训滥觞于 20 世纪 60 年代。这一时期，伴随英国高等教育快速发展，传统支持服务的模式面临的挑战日益严峻。应对现实挑战，英国确立了"以服务促发展"的学生事务管理理念，竭力为学生提供高效优质的服务。在这一理念的指导下，长期受经济困扰的理工学院率先设立学生服务部，致力于为学生提供专业的学生事务管理服务。紧随其后，英国许多高校纷纷成立学生服务部，学生事务管理专职人员随之诞生。

21 世纪，英国高校学生事务管理模式已完成从传统支持服务向现代专业化的转变。为了给学生提供更专业的教育引导和管理服务，英国重视对高校学生事务管理者职业能力的专业化培训。第一，学校重视。在英国，职业指导、心理咨询、健康关怀、经济资助和残疾人服务等被确认为学生支持服务的核心服务。为了给学生提供更专业的事务管理服务，英国高校重视对管理人员能力的培训。第二，对象广泛。英国高校学生事务管理者职业能力培训的对象广泛，既包括学校层面学生服务部门的工作人员，也包括学院层面承担学生事务管理工作的个人导师。第三，内容丰富。英国高校学生事务管理者职业能力培训内容涉及面较广，凡与学生个人发展有关的职业能力均被归入培训范围。第四，形式多样。英国高校学生事务管理者职业能力培训的形式丰富多样，例如：建立职业能力准入制度，严把入口关；创建行业协会；营造浓厚的专业发展氛围；创办学术期刊，提供信息交流和理论探讨平台。

（四）德国：各部门严谨配合

1.管理机构高度社会化

德国高校学生事务管理主要由社会服务机构承担，社会化程度高，高校在学生事务管理中所扮演的角色就好比社会服务机构与学生的中间人。这里所说的社会服务机构也就是德国著名的大学生服务中心，通常以合同的形式或自由参与的形式参加高等学校学生事务管理。德国高校学生事务管理机构的高度社会化使大学生服务中心收获了丰富经济效益的同时，还减轻了政府的财政负担及高校管理学生事务的压力。对学生而言，这使他们享受了更优质、更专业的社会化服务，并且带领他们提前步入社会，加强了他们与社会之间的联系。

2. 管理服务系统高度信息化

大多数的德国高校对信息化建设都给予了极大的重视。在高校里通常设有信息技术委员会，用来讨论和规划学校重大信息技术活动；并且学校各部门都拥有部门内部的网络中心，配备了专业的信息技术人才；除此之外，学校还设有负责网络运行和维护的网络中心、负责多媒体教学的电教中心、负责传递学术信息的图书馆。在日常的高校学生事务管理过程中，职能部门对网络信息交流软件的使用频率也很高，如学生提交各类申请表、资金转账、消息通知、信息咨询等，均会使用现代网络信息技术。

3. 管理官方色彩浓厚

德国高校学生事务管理由国家与地方两级管理，带有浓厚的官方色彩。全国性的主管机构是联邦学生事务局，总共管理大约62个分布于16个州180个城市的地方性大学生事务局。大学生事务局的管理构架充分体现出自治、制衡的特点，高校学生事务管理分为三级管理层次，分别是代表大会、董事会和总经理。代表大会由该事务局服务的大学教授代表、学生代表和行政领导等组成，主要职责是听取和审议总经理的工作报告，选举董事会；董事会由大学教授、行政领导、学生代表，以及事务局工作人员和社会人士代表组成，主要职责是审议、批准财务预算，总经理任命，评审总经理工作等；总经理则是大学生事务局的经营代表，直接负责本地区学生事务工作的运作。

4. 学生高度自治化

学生高度自治化主要是指学生的自主学习、课堂外的自我管理，以及参与学校管理工作。学习方面，德国高校未规定学生在校学习的时间，学生能够自主选择所修课程与毕业时间，并且德国高校课堂提倡学生与老师的互动，充分发挥学生的自主能动性。生活方面，学生多采取民主选举学生干部、成立学生议会与学生联合委员会等方式来维护学生权益，负责日常学生工作，以此进行自我管理。

（五）韩国：形式趋于开放灵活

1. 从工作内容来看

韩国高校的学生事务工作注重社会化和国际化，重在引导学生与社会发展接轨。韩国高校学生事务工作内容可划分为四部分：第一部分工作是培养学生团结协作与团体身份认同感；第二部分工作是学业指导工作；第三部分工作是学籍学分管理运营体系；第四部分工作是在校生和毕业生的就业指导工作，不仅面向各个年级提供职业发展培训工作及职业准备指导，还为毕业生提供就业帮助等。

2.从教育载体来看

韩国高校的学生事务工作趋于开放化和灵活化，特别注重引导有益的社会资源和社会团体走进校园，包括校园文化节、学校周年庆典、定期校际挑战，吸引社会上有名的演艺界人士和学术界、政治界等人士参与。通过举办形式多样、内容丰富的校园文化活动促进学生事务工作的开展并充分发挥学生的创造性和积极性，实现多元化的高校学生事务工作新模式。

3.从人员构成来看

韩国高校学生事务工作参与主体队伍以专业化和学术化的队伍为主，学校全员参与学生事务工作，实现了"专职为主、兼职为辅，专兼结合，相互补充"，吸引了包括学校各个部门和学校所在区域社区相关人士的广泛参与；真正做到了"全员参与"和"全过程参与"，摆脱了学生事务工作由学校和院系的团委、学生处、学生会等专门的学生事务工作人员和机构主管负责，教育教学人员和学校所在社区人员不关心、不参与的局面。

二、发达国家学生管理工作带来的启示

（一）加强辅导员"专业化"发展和"专家化"培养

随着21世纪高等教育的发展，师生成长和发展的需求使高校学生事务管理向专业化和专家化方向发展。在美国，高校学生事务管理已经成为社会公认的职业，具有较高的专业地位和社会声誉，在配备选聘、发展培训、管理考核上都有十分严格的程序和要求。例如：应聘者必须具备心理健康教育、学生成长发展等专业或方向的硕士学位；高校学生事务管理专业均设置了本科、硕士、博士点培养方向，为高校培养专家型的学生事务管理人才提供平台。英国的学生事务管理虽然尚未达到美国的专业化和职业化水平，但也有自己的特点。英国通过聘用专业人员为学生开展"一站式"服务，将学生的问题根据难度分级分类，通过不同等级的学生事务管理人员进行针对性解决。同时，英国还实行工作导师制，对学生各方面问题进行专业具体的指导。

我国辅导员队伍建设向着职业化、专业化、专家化的方向发展，但距离真正实现还需要一定的努力。目前，我国针对辅导员专业化发展陆续出台了相关政策，

鼓励高校辅导员在职攻读博士学位，但辅导员工作任务繁杂，存在职业不职、专业不专的问题。从英美的经验来看，我国高校辅导员制度正在向好发展，辅导员的"专业化"和"专家化"的发展与培养是辅导员成长的必由之路。因此，学科化、职业化、科学化和学术化将是高校辅导员队伍培养和建设的根本原则。

（二）完善辅导员工作相关法律法规

英美高校学生事务管理最突出的特点就是法制化。美国从宏观层面出台了如《美国高等学校学生事务管理人员行为规范》等专门的规章制度，微观层面则是各高校都依据政府的法律法规，结合高校实际制定适合本校的学生事务管理规章制度。在英国，无论是高校学生事务管理人员还是学生都具备强烈的法治观念，高校十分重视对学生的法治教育，有完善的执法程序。同时，学生事务管理人员也要接受制度的规约和监督，需要严格依法开展工作。科学、清晰的学生事务管理规章制度为英美高校的持续健康发展奠定了坚实的法制基础。

近年来，我国高等教育领域在立法上取得了一定的进步，但就学生工作相关的法律空白点依然存在。随着依法治国进程的加快，高校辅导员工作法制化将成为必然的趋势。因此，我们要建立并实施一套科学、全面、易操作的辅导员工作法规，以此进一步保障学生的合法权益，并且这在约束辅导员行为、促进辅导员发展上都有极大的现实意义。借鉴英美高校学生事务管理制度的先进经验，反思我国高校辅导员制度的不足，以不断适应经济全球化、政治多极化、社会信息化、文化多样化带来的高等教育发展的新挑战和新形势，使我国高校辅导员制度持续迸发活力。

基于以上针对高校辅导员制度化建设的系统梳理，明确了制度建设始终是辅导员开展高校思想政治教育工作和日常管理工作的内生动力。纵观高校辅导员制度化近 70 年的发展历程，要着重对新时代以来高校辅导员制度化建设进行考察和分析，提升高校辅导员队伍的质量。政治性与科学化相结合、标准化与法治化相促进、传承性与创新性相统一是高校辅导员制度化建设的经验特点。同时，强化"以生为本"的工作理念、加强辅导员"专业化"发展和"专家化"培养、完善辅导员工作相关法律法规是对英美两国高校学生事务管理制度的积极借鉴。

（三）提高学生事务管理的专业化水平

目前，我们可在以下方面持续提升学生事务管理的专业化水平：第一，设定学生事务管理岗位的进入标准，从事此项职业必须达到相关专业的一定学历层次，把培养学生事务管理人才，学生事务管理者的方式方法向专业化、专家化和精准化转变；第二，提供在职培训，提升管理人员的理论实践水平，譬如在大学生心理健康、学习生涯、职业规划等方面提升学生事务管理人员的管理水平；第三，职业标准的制定需更加细致和精准，在保证职业标准的稳定性和可操作性的同时，保证其具有前瞻性；第四，学生事务管理者在提升自身事务管理专业化水平的同时，秉持立德树人的育人理念，注意学生价值观的引导。中国高校学生事务工作的价值理念核心是爱国主义、集体主义和社会主义，注重培养学生平等、团结的意识和增强学生的社会责任感。

（四）加强社会各界对学生事务管理的支持

我国校园之外社会各界对于学生事务管理的支持力度需要持续加大。为了达到这样的效果，高校需要加强与社会各界的互动沟通，尤其通过加强与学校周边区域相关人士的联系，增加学生事务管理的社会参与度。当前我国各高校与高校附近社区、街道的联系程度不紧密，学生社区服务意识不强。唯有吸收社会各界的意见才能促进学生事务管理工作决策更加合理化。

（五）提高辅导员的国际交流能力

随着我国高等教育"双一流"建设进程，高校国际化交流与合作将会越发频繁，要求高校辅导员具备国际化视野并且提高国际交流能力。国际化办学是我国高校建设的短板，国际事务处理是学生事务管理者的缺陷，各高校辅导员应该在学生事务管理工作过程中建立国际化的工作队伍，提升整体管理水平的同时促进本土管理队伍水平的提升。

第三章　高校辅导员专业化发展的运行

本章的内容为高校辅导员专业化发展的运行。本章内容分为三个部分，第一部分为高校辅导员专业化发展运行的要素，第二部分为高校辅导员专业化发展运行的重点，第三部分为高校辅导员专业化发展运行的条件。

第一节　高校辅导员专业化发展运行的要素

实现专业化发展是辅导员队伍建设的应有之义，但是，高校辅导员的专业化发展具体指的是什么？高校辅导员专业化发展有没有具体的评判指标，解决这些问题，必须对高校辅导员专业化发展的要素做深入研究。为此，本书提出具有针对性的专业化发展要素，包括目标要素、途径要素、支撑要素三个方面，以便为后续高校辅导员专业化发展结构与运行提出对策建议，奠定理论基础。

一、高校辅导员专业化发展的目标要素

（一）职业化目标

在高校辅导员的职业化建设中，对辅导员进行职业资格认定是提高辅导员素质的有效方法和途径。要使从事大学生思想政治教育工作的辅导员走职业化道路，就要造就和培养一批职业形象良好、具有崇高职业理想、具有过硬职业技能的专职人员，让他们视辅导员职业为事业，既要愿意长期从事这一职业，又要具备专业的水平与能力。具有辅导员情怀的人员还可以终身从事此事业，也就是说，高校辅导员职业化就是要落实一批专职人员长时间地从事这一职业，这是我们大学生思想政治教育工作能够有人做、有时间做的保障，同时又能为大学生提供专业的服务。

1.职业化建设的指向

职业化建设目标的实现需要高校辅导员能够对这一职业有较高的认同，形成较深的职业意识，由职业行为上升到专业。正是在较高认同、较深意识、良好的职业形象的驱动下，高校辅导员才愿意投入这项工作，把它当成事业，走上职业化的道路，并且具备从事这一职业的本领，能够持续深入地工作。

（1）较高的职业认同

高校辅导员要能够长期甚至终身从事这一职业。辅导员要想专职地、专业地做好大学生思想政治教育工作，需要对这份工作有较高的认同，才会有源源不断的动力投入工作中，才能在时间、精力上有足够的保障，能够与学生融为一体，能够研究工作、分析问题、解决问题，为学生提供全面的服务，做好管理工作，发挥理论教育职能。认同是动力之源，高校辅导员只有在个体认同的基础上，才会有发展的意愿，才会对这份职业产生情感。

（2）较深的职业意识

对于大学生思想政治教育工作这份育人事业所依托的思想政治教育专业，高校辅导员要有足够的领会和理解，才能利用思想政治教育学科所提供的理论知识、方法来武装自己，结合工作实际来思考，发现、分析、解决问题。如果辅导员没有这个专业依托，不能利用包括思想政治教育、教育学、管理学等专业知识来武装自己的头脑，工作就会停留在表面，没有理论的升华，没有在实践中的反思，从实践中积累并提炼知识的可能性也就没有了。因此，高校辅导员的职业化建设，需要辅导员有较深的专业意识，能够对专业有情感，能够学习专业知识，产生专业感情，这是辅导员能够长期投入事业的根本。

（3）良好的职业形象

高校辅导员职业化的程度，还取决于辅导员是否有良好的职业形象。高校辅导员职业能否后继有人，能否不断地有优秀辅导员加入队伍中，取决于辅导员职业是否有良好的职业形象。一直以来，辅导员的职业形象并不算好，以往辅导员职业主要是以兼职为主，而兼职人员的素质参差不齐，辅导员因此被认为是不能胜任课堂教学的人员。在国家要求辅导员职业专兼结合的形势下，辅导员需要不断提升职业形象才能满足职业化建设的需要。

2.专业化发展助推职业化建设

高校辅导员通过在专业活动中不断实践，在经历中不断体验工作的价值与意义，产生专业认同、提升专业意识，进而促进队伍的职业化建设，实现职业化目标。

（1）专业化发展有助于提升职业认同

在专业活动的基础上，高校辅导员能够不断地在工作与实践中领会、琢磨、感悟，不断地进行工作反思与自我反思：这是一份什么样的职业、从事这样的职业能够给自己和学生带来什么、这份职业的使命与价值在什么地方。只有在实际工作中、在与学生的接触了解中、在实施社会主义核心价值观教育等活动中，辅导员才能明白其肩负的重大历史使命，才能不负党和人民的重托，迸发工作热情，产生专业认同感。

（2）专业化发展有助于增强职业意识

高校辅导员的专业化发展，要求辅导员不断地获取专业知识，从而指导工作实践；在培训、学习与交流分享中，不断提高所从事工作的理论水平，不断掌握马克思主义基本理论、中国特色社会主义理论、思想政治教育理论、教育学理论、心理学理论等；在专业学习与理论知识掌握中，进一步加深对所从事的辅导员职业和专业的理解和领悟，增强专业意识，以更加自觉的态度投入工作，用所学的、掌握的理论武器从事大学生思想政治教育工作，在教育、管理、服务工作中为学生服务。

（3）专业化发展有助于提升职业形象

高校辅导员专业化发展的基础是专业活动，只有立足专业活动，才能在大学生思想政治教育工作中不断开展专业学习、专业实践、专业学术活动。因此，专业化发展有助于强化辅导员的专业行为，使其活动更专业，从而更加符合职业的需要，能为学生提供及时、专业的帮助。在不断提升专业行为的基础上，辅导员展示给众人的形象也会不断被刷新，学生和任课老师及社会各界对辅导员的看法和认识也会从过去传统的观念中转变过来。

（二）专业化目标

专业化是社会分工的结果，主要是针对从业人员的专业知识、专业能力而言，需要不断地提升专业化水平以满足服务对象的需要。高校辅导员队伍专业化建设是指，辅导员职业的从业者要经过专门的培养培训，逐渐成长为专业人员，专职从事辅导员工作，并且在大学生思想政治教育工作中不断提高的过程。可见，高校辅导员的专业化，就是要求高校辅导员在实际工作中，不断丰富专业知识，提升专业能力。高校辅导员的专业化发展，正是着眼于辅导员的知识与能力的提升，要求辅导员在专业素养的不断提升过程中，达到专业的要求，开展专业的教育、管理与服务工作。

1. **专业化建设的指向**

高校辅导员队伍专业化建设的指向非常明确而且清楚，那就是要求辅导员能够接受专门的培养和培训，不断地提升专业知识和专业能力。

（1）专门的教育与培训

专业化要求从业人员能够经过专门的教育与培训，达到专门的要求。这是一个职业门槛的问题，但现实情况却不容乐观。众多高校辅导员的专业背景多元，不少辅导员没有经历过专门的专业教育，具备思想政治教育专业或相关教育学、心理学教育背景的人员比较少。即便是思想政治教育专业毕业的学生，在知识实践与能力方面也比较欠缺。因此，作者认为，高校辅导员的专业教育问题有着先天的不足。对于这一问题的解决，一方面要加强辅导员的自学能力，另一方面要加强培训力度。目前，针对高校辅导员队伍的培训，教育部专门出台的文件有十分周详的安排与规划，对于培训的目标、内容与要求也有着明确的规划。

（2）丰富的专业知识

高校辅导员队伍的专业化建设，要求高校辅导员不断丰富专业知识。关于辅导员从事大学生思想政治教育所要具备的理论知识的欠缺，我们可以要求辅导员参加培训或自学，但对于辅导员的实践知识，培训工作却是不能满足的。实际上，对于辅导员而言，工作具有情境性和临时性，开展各项工作都要求辅导员因时、因地、因人而采取不同的方法与手段。因此，辅导员工作的开展是需要以大量实践经验、实践知识、实践智慧为支撑的。同时，辅导员在专业活动、专业实践中积累起来的实践知识，正是对通过培训与教材学习而来的理论知识的重要补充。教材知识与实践知识共同形成辅导员的专业知识。

（3）较强的专业能力

高校辅导员队伍专业化建设，要求高校辅导员不断提升专业能力以满足服务学生的需要。高校辅导员在实际工作中，面临学生多样化、差异化的需求，这对辅导员而言是极大的考验。许多问题是突发性的，辅导员能否当机立断或当场拿出合理的解决方案、采取合理的解决措施，都需要辅导员能在专业层面上胜任这项工作。现在学生对辅导员的要求也越来越高，对辅导员提出的要求也越来越多。在资讯发达、事情繁杂的环境条件下，对高校辅导员工作的专业化程度要求更高，辅导员就需要不断提升专业能力以满足学生的需要。

2. **专业化发展助推专业化建设**

在国家、社会与学校的协作下，学校能够为高校辅导员提供全面而周到的培养培训平台；同时依托辅导员三级培训体系和国家、各地、各高校的辅导员培训基础，加强对辅导员知识方面的培训；通过诸如辅导员职业技能大赛等专业活动，提升辅导员的专业能力。

（1）专业化发展助推专业培训

高校辅导员的专业化发展，能够为辅导员提供足够的平台和空间，增强其理论知识意识。教育部《普通高等学校辅导员队伍建设规定》规定要求国家、各地、各高校搭建辅导员的三级培训体系，同时对各高校加强辅导员培训提出要求，也明确规定了数量。高校辅导员通过这些培训平台能够在专题学习中进一步提升专业知识水平。

（2）专业化发展丰富专业知识

高校辅导员不仅能够通过专门的培训来获取专业知识，还能够通过在实践中的不断积累，增长实践知识。专业化发展正是辅导员不断获取实践知识的源泉。高校辅导员在专业活动中，不断地深入到专业学习、专业实践与专业学术研究中。尤其是通过专业实践活动，高校辅导员能够积累自己的实践知识，并且通过学校搭建的交流与分享平台，实现专业共同体的交流与分享。高校辅导员在分享与交流中，不断丰富实践知识，把实践知识转化为指导工作的专业知识。

（3）专业化发展提升专业能力

高校辅导员的专业化发展，能够不断助推高校辅导员提升专业能力。高校辅导员在专业化发展的过程中，不断地参与专业实践，在参加各类专业活动的过程中，如职业技能大赛、各类培训、校外挂职锻炼、社会实践、国内学习访问等，结合专业知识，磨砺并提升专业能力。专业能力的提升并不是一个理论问题，而是需要在实践中不断提高。高校辅导员正是通过专业化发展，在专业活动的学习、实践与学术中，实现专业能力的提升。

（三）专家化目标

专家化是指辅导员面向众多学生事务中的某一领域，通过深入研究和经验积累，最终具备该领域深厚理论知识和娴熟业务技能的成长过程。该定义下的辅导员专家化发展具有以下四个特征：一是发展目标具有高阶性，即辅导员专家化是辅导员专业化发展的高级阶段，是更高层次的职业发展定位；二是发展领域具有单一性，即辅导员专家化是辅导员对众多学生事务中的某一领域进行深入发展，并不要求辅导员在众多学生事务的各个方面都成为行家里手，当然并不排斥辅导员在条件允许的情况下发挥个体能动性，自觉向多领域进行专家化发展；三是素质要求具有双元性，即专家型的辅导员不仅应当具有深厚的理论知识，还应具有娴熟的业务技能，二者不可偏废；四是发展过程具有长期性，即辅导员专家化发展是一个长期的成长过程，其深厚的理论知识和娴熟的业务技能需要经过长时间的积累，难以一蹴而就。

1. 专家化建设的指向

（1）明晰"三全育人"的站位

随着国家深入推动"三全育人"综合改革，思想价值引领贯穿于教育教学全过程，正在逐步形成一体化思想政治工作体系的育人新格局。高校辅导员在其中担负起统筹聚合的任务，是思想政治教育资源全程贯通的开发者、全员协同的配置者和全面覆盖的利用者，也是"全程育人"的理想主体，是"全员育人"的中枢核心，是"全方位育人"的助推力量。这种角色的职责涉及对学生培养路径的规划，需要加深对学科融合发展的思考，拓宽自身视野，增强驾驭全局的能力。

（2）推动"既往学识"的升级

学识意味着知识，但并不等同于知识。"升级"既往学识，并不是简单地指向某些特定学科或某一技术范畴，而是针对现存学科素养中的短板和缺项，注重整体性的把握和认知体系的构建。要关注跨学科，以全面学习的理念保持敏感性；把握多维度，以合作学习的理念增强关联性；拓展广时空，以终身学习的理念富于前瞻性。当前，显性知识传递与隐性价值传导同向同行，高校辅导员既要明白如何学习知识，更要懂得选择何种知识。对学生思想观念的引导、网络话语的感染、个人发展的指导等都要凭借具有专业属性的学识力量同向聚合。要将活化的知识变为内化的学识，以全面的理论体系锻造引领学生的强大力量。

（3）实现"学科自信"的担当

在高校辅导员学科素养的提升过程中，"学"是前提，"践"是升华。高校辅导员工作的专业化不是脱离学科建设而存在的行政性工作，更不是教学和科研的辅助性工作。2022年第五轮学科评估把人才培养提到了首位，在人才培养板块中增设了思想政治教育的二级指标；高校辅导员成为这些优质成果案例文本的"主角"之一，要坚定"学科自信"，建立"知识阵地"，牢固树立学科实践意识。学科素养实践主要基于两个层面：第一个层面是将学科素养融入自己的综合素养，使其成为不可剥离的内在修养，不断激发其敏于求知、敢于创新的动力；第二个层面是将学科素养广泛应用于思想引领、学风建设、学科竞赛、就业创业等职能实践过程中，自觉运用学科素养成果武装学生头脑，探索广大学生喜闻乐见的教育教学形式，深化高校思想政治教育的改革创新，把学科体系转化为教育教学体系，把教育教学体系转化为信仰体系，把信仰体系转化为行动规范，使培养的优秀学生成为学科建设的参与者和标志性成果。

（4）注重"学术队伍"的联动

专业课教师是高校辅导员学科素养提升的重要指导力量，二者应在育人工作中配合出击、互通有无。高校辅导员可以借助专业教师的力量提升学工队伍日常工作的水准和成效。高校辅导员与专业课教师之间密切沟通，有助于及时了解、补充宽口径的学科知识、前沿动态、行业特色、应用领域、发展路线等，突破自身专业局限，有利于在指导学生学业规划、创新创业、职业规划等方面开阔思路、拓宽视野、优化方法、突破瓶颈，精准把握专业人才培养的内在规律和学科特点，有针对性地探索适用于本专业人才培养模式的思想政治教育方法和学生管理方式，提升日常工作的水准和成效。

2. 专业化发展助推专家化建设

高校辅导员的专业化发展，能够让高校辅导员在专业活动的基础上，不断产生专业认同，不断投入专业实践，在实践中积累专业知识、提升专业能力，在知识与能力提升的基础上，又能够更加深入地投入工作。在如此循环反复的过程中，高校辅导员体验感悟、提升涵养，能够对其所从事的这份育人的伟大事业产生自豪感和幸福感，能够以这份职业为事业的起点和归宿，能够不断涵养专业精神，更加坚定工作的使命感和责任感、更加敬业乐业、更加自律、更加有人格魅力，从而成长为帮助学生成长成才的人生导师。

（1）专业化发展坚定使命与责任

高校辅导员在专业化发展过程中，深入专业活动，对所从事职业的价值和意义有深入的领会与认同，能够把自己的职业理想与所从事的工作结合起来，以足够的时间和精力投入工作，甚至用生命来投入这份事业，坚定育人的使命感与责任感。专业化发展，就是要提升辅导员的内在素养，通过培训、活动、知识与能力的提升，高校辅导员在不断的实践经历中升华。部分有辅导员工作情怀的人，能够认识到眼前所从事的工作就是自己想要从事的工作，能够立足工作实践，实现自己的人生理想和价值目标，以此作为自己的人生起点和归宿，把自己的精力和生命投入与学生的交流和帮助学生成长成才中，以自己的专业能力帮助学生更好地成长。

（2）专业化发展助燃敬业乐业精神

高校辅导员在专业活动中，能够尝尽工作的苦，也能够感受工作带来的欢乐。正是在苦与乐的交织中，高校辅导员能够体会到幸福与满足，也因此能够激发内心的敬业与乐业精神，苦中有乐，苦中作乐。高校辅导员是崇高的职业，能够带来极大的成就感，满足辅导员的事业心。专门从事思想引领的辅导员，做的是人的思想工作，其工作是极具艺术性与挑战性的。做好这份工作，不仅能带来桃李满天下的喜悦，更能尝到培养信念坚定的合格人才的快乐。正是在这样的感受与喜悦中，高校辅导员才能够投入到工作中，能够敬业、乐业。

（3）专业化发展涵养人格与自律精神

高校辅导员在专业知识逐渐丰富、专业能力不断提升的基础上，不仅具备较强的育人能力，其工作也极具艺术性，能够潜移默化地塑造一个人，引领大学生健康成长，这靠的就是辅导员自身的人格魅力与自律上进的精神。高校辅导员在专业活动中，能够自律地开展工作，其道德品质也逐渐完善。通过专业反思，高校辅导员能够认识到自己和工作的不足，不断完善自己。在道德品质的内化与伦理道德的外在要求下，高校辅导员不断提升人格魅力，能够独立思考、开展学术研究、自由而全面地发展自己，而后才能够帮助学生全面的发展与成才。

总之，从职业化到专业化的提升，从职业化到专业化再到专家化。"三化"目标建设不能被分开，职业化与专业化建设密不可分、相互促进，但为了表述，常把三者分开来讲。实际上，专家化固然是职业化与专业化需要达到的要求，但职业化与专业化的关系更加紧密。职业化是首要目标，辅导员工作需要有情怀的人，并且要求其能够长期从事这份职业；专业化是次要目标，职业化是专业化的前提，专业化是职业化的保障，专业化能够帮助辅导员掌握专业知识、具备专业能力，以小见大，在解决好小问题时，为学生思想、心理、学业、就业等方面提供帮助；专家化是最终目标，辅导员在职业化、专业化的基础上，能够沉下身子，与学生打成一片，开展有效的思想政治教育工作。在专业活动、专业实践、专业学术、专业学习中，高校辅导员能够实现自身专业素养的提升，在思想道德、人格魅力等方面具备成为一名专家的专业素质。

二、高校辅导员专业化发展的途径要素

高校辅导员专业化发展的途径要素就是指专业活动要素。这里的专业活动，是指高校辅导员作为从事大学生思想政治教育工作的专业人员，在为学生提供专业服务的过程中，认真执行各项政策和措施，努力学习专业理论和知识，积极地投入日常思想政治教育各项专业实践，并为不断提升科研学术水平而采取的各类专业行动。从本质上讲，高校辅导员的专业化发展是指其专业实践的"精""熟"，

即在专业活动过程中能够通过感悟体验、总结反思提升个体的专业素养，这决定了高校辅导员的专业化发展离不开专业活动。专业活动既是高校辅导员专业化发展的基本要素，同时也是高校辅导员实现专业化发展的根本途径，即高校辅导员在参与专业活动过程中丰富专业知识、提升专业能力、涵养专业精神，进而实现专业发展。高校辅导员专业化发展的活动可以分为两类：一是专业学习活动；二是专业实践活动。

（一）专业学习活动

学习是获取专业知识、掌握专业技能的第一途径。新进辅导员开展工作首先需要学习专业知识，期待进行专业发展的高校辅导员同样需要加强专业知识的学习，只有通过专业学习活动才能为专业发展打下扎实的知识基础。高校辅导员专业化发展的专业学习活动，主要指自己学习理论知识、参与各类培养培训及进行学历提升等。

1. 高校辅导员自我学习及终身学习

就目前而言，高校辅导员的专业学习活动主要靠辅导员自我学习并能终身学习，除此之外，尚无系统、规范的专业教育与专业学习。2015 年颁布的《普通高等学校辅导员队伍建设规定》对高校辅导员提出了终身学习的要求，即要求高校辅导员能够坚持终身学习，勇于开拓创新，主动学习思想政治教育理论、方法及相关学科知识，积极开展理论研究和实践探索，参与社会实践和挂职锻炼，不断拓展工作视野，努力提高职业素养和职业能力。

第一，学习要根据具体情境而定。高校辅导员在工作过程中进行的自我学习，需要其根据工作需求和实际情况，将专业知识的学习与辅导员工作的具体情境相结合，针对现实问题与实际需要开展有针对性的理论知识学习。这样的学习更具有针对性，学习效果更好。第二，学习过程中要贯穿反思与总结。高校辅导员在专业学习活动中，除了要根据具体情境展开学习，还要有自己的个人特色，即要有个人的反思和总结，要善于结合理论知识反思自己的工作开展情况，定期总结自己的工作过程，提炼可坚持的经验，查找存在的问题与原因，这样才能有真正的收获，才能得到专业知识方面的提升。

2. 高校辅导员积极参与各类培训活动

在现有的高校辅导员专业知识学习方面，国家与学校开展的学习活动主要是形式多样的培训活动。2006 年，教育部办公厅印发的《2006—2010 年普通高等学校辅导员培训计划》提出，要建立和完善辅导员培训体系，加大对辅导员的培训力度，提高辅导员的思想政治素质和业务素质，建立以全国辅导员骨干示范培训为龙头，以辅导员培训和研修基地培训为重点，以高校举办系统培训为主体，学习考察、学位进修、科学研究、研讨交流等多种形式相结合的培训体系。2013年，教育部党组印发的《普通高等学校辅导员培训规划（2013—2017年）》提出，以促进辅导员职业化、专业化、专家化和可持续发展为导向，构建培训体系，提高培训能力，创新培训方式，提高培训质量，提升大学生思想政治教育科学化水平。在这两份文件下发之后，各省市、各高校按照文件规定逐渐形成高校辅导员的三级培训体系，并广泛组织高校辅导员参与培训。在培训中，组织方邀请专家学者、一线辅导员及获得"全国优秀辅导员"称号的典型人物举办讲座、传授理论知识、分享实践经验、交流个人心得，使参加培训的辅导员在专业知识积累方面有所收获。

3. 高校辅导员积极提升学历

目前，在一线从事大学生思想政治教育工作的高校辅导员，一般是硕士毕业生。对他们来说，通过提升学历层次增强自己的知识水平与理论素养也是参与专业学习活动的重要方式。基于这样的思考，教育部于2010年出台了《关于高校辅导员在职攻读思想政治教育专业博士学位的通知》，鼓励高校辅导员在职攻读博士学位，这是加强高校辅导员队伍建设的重要措施，对有志于长期从事大学生思想政治教育的高校优秀专职辅导员提升理论知识和专业素养发挥了重要作用。同时，具有招收高校辅导员专项计划博士研究生资格的高校，也为辅导员博士的招考、录取、学习提供了便利的条件，尤其是对高校辅导员读博期间的学习、科研加强监督，引导高校辅导员从原有专业转向思想政治教育专业，掌握扎实的思想政治教育理论知识，鼓励高校辅导员结合自己的工作情况开展学术研究，通过学术研究反哺工作开展。经过专门理论学习与学术训练的高校辅导员，除掌握更多的理论知识之外，其实践工作的开展也更有成效，能够更加科学地规划学生工作，更专业地服务学生，并且能在学生工作某一细化领域中更加深入地钻研，使工作更有针对性和实效性。

（二）专业实践活动

1. 高校辅导员职业能力大赛

高校辅导员大赛是全国性质的，从启动开始，由校级比赛、省级初赛、六大赛区复赛到最终全国总决赛，共历时5—6个月，参赛辅导员人数多、范围广、备赛时间长，比赛内容与《高等学校辅导员职业能力标准（暂行）》相结合，贴近实际工作。从备赛角度来说，这是一次提升辅导员专业技能的全面培训；从比赛角度来说，比赛内容设置、评分标准和在比赛中涌现的优秀辅导员针对不同问题的正确处理，是一次全体辅导员就工作内容进行充分讨论的交流大会，为辅导员专业化、职业化能力的全面发展起到了示范引领作用。从近些年参赛选手的年龄结构来看，青年辅导员所占比重增加，大赛还为更多青年辅导员提供了一次专业技能培训和找寻职业目标与方向的学习机会。比赛大大提升了辅导员对自我身份的认同感、获得感，坚定了辅导员对职业能力专业化发展的自信心，同时大赛还加强了各地区各高校辅导员之间的经验交流，为辅导员的交流和提升构建桥梁，既让辅导员在大赛中有所展示、有所收获，同时还可取长补短，突破自我的职业瓶颈和专业思维局限，更好地服务辅导员专业化、职业化能力的发展。

在《高等学校辅导员职业能力标准（暂行）》的框架内，通过对职业能力大赛各项目环节的深入研究探索，不仅拓宽了辅导员职业能力专业化建设道路的路径，改变了辅导员专业化的内容、着力点，更极大地推动了《高等学校辅导员职业能力标准（暂行）》的贯彻落实，积极发挥了《高等学校辅导员职业能力标准（暂行）》在辅导员专业化、职业化发展中的重要作用。

2. 高校辅导员工作精品项目

高校辅导员工作精品项目培育建设是教育部思想政治工作司为提升大学生思想政治教育质量工程而设置的专项项目。该项目对于引导高校辅导员加强工作研究，深化实践成效，提升理论素养，促进辅导员工作规范化、精品化、科学化，推动辅导员队伍专业化、职业化建设具有重要的现实意义。

高校辅导员工作精品化项目运用项目化管理的理念，通过科学的部署，从两方面有效提升高校辅导员工作效果。第一，激发大学生思想政治教育创新活力。创新是大学生思想政治教育可持续发展的不竭动力，积极引导高校辅导员自觉从事学生工作研究，不断创新培育学生工作精品项目，引领大学生思想政治教育工作实现由规模向品质、粗放向精细转变，促进辅导员工作走向规范化、精品化、科学化，为科学创建学生工作品牌奠定基础，提升大学生思想政治教育工作质量，让大学生思想政治教育工作实践取得更加明显的实效。第二，促进辅导员职业化、专业化水平提高。辅导员结合学生工作实际，培育一批学生熟悉、认可、接受和喜爱的工作精品项目，促进了辅导员自身能力和业务素质的提高。这是培养大学生成长成才的需要，也是加强辅导员队伍职业化、专业化建设的现实需要。

三、高校辅导员专业化发展的支撑要素

国家、社会、学校三位一体协作局面的形成能够为高校辅导员的专业发展提供重要支撑。为什么三者要相互协作、形成合力，才能有效地支撑辅导员的专业发展？高校辅导员的专业发展是指辅导员个体与群体专业素养的提升，但这并不意味着专业素养的提升可以单纯内在地进行，而是需要外部环境与条件的支持才能顺利推进。国家是政策的制定者，社会是氛围的营造者，学校是制度的落实者，只有三者密切配合，才能发挥"外在化"的作用，辅导员才能有条件去推进专业知识、专业能力、专业精神的学习进程，也才能在专业活动中实施专业学习活动、专业实践活动、专业学术活动。因此，三位一体协作局面的形成是落实专业发展途径、推进专业发展进程、实现专业发展目标的必要支撑。

（一）国家政策

国家政策发挥宏观统摄作用。国家层面的政策，为高校辅导员的专业发展提供了宏观上的指导与规划。作为顶层设计，国家政策对于良好社会氛围的形式和高校制度体制的落实与督促都发挥着重要作用。国家层面的顶层规划居于基础地位，发挥宏观统摄作用。国家发挥好规划职能，能够助推社会、学校发挥条件和保障作用。在国家的统一规划下，对扩大辅导员的社会影响力、促进学校制度机制的落实，有着不可替代的基础性作用。随着各项政策、活动的推广与宣传，以及高校辅导员社会影响力的不断扩大、学校具体措施的落实，辅导员的待遇不断得到保障，地位不断得到提升，反过来又影响并促成国家进一步适时地调整政策、改变思路，出台更加有针对性的发展规划，从而保障辅导员专业化发展进程不断向前。国家层面如何做好规划，才能保证出台的政策有针对性和导向性？作者认为，这需要有理论的指引和实践的反馈。一方面，需要把握辅导员队伍建设的前沿理论，对辅导员专业发展的国外社会学关于专业的理论、教育学关于教师专业发展的理论、马克思主义关于实践的理论、中国特色社会主义关于实践的理论等认真梳理，使其成为指导规划的理论知识；另一方面，要深入调研，对全国各地、各高校存在的队伍建设问题，全面、准确地把握，进而梳理出问题，明确问题导向，这样的规划才具有针对性。因此，作者认为，落实好"三位一体"的协作要素，首要的问题在于发挥国家的规划作用，而要能规划好，必然要有理论的指导和现实的考量，两者缺一不可。当然，还应注意的是要给各地、各高校留下创新的空间，使其能够根据本地的实际情

况，出台具有本地、本校特色的规定。总之，规划目标在于为高校辅导员的专业化发展创造好的条件、提供政策与制度保障。

国家政策宏观规划是辅导员专业发展途径的保证。一方面，国家政策加强了辅导员学习培训规划。国家在政策层面为高校辅导员培训、在职攻读博士学位、国内访学等提供顶层设计，这能够从宏观上指导各地、各高校加强对辅导员的学习规划。各地方教育部门在国家政策指引下，提出了加强辅导员培训与教育的措施，特别是加强辅导员基地建设，为辅导员学习提供良好的平台。各高校根据国家与各地教育部门的要求，制定落实本校辅导员培训与发展的机制，提供学习交流的平台。高校辅导员群体通过社会层面的辅导员行业组织，定期组织学习交流活动，这样能够把握时代风向，对辅导员队伍及辅导员工作的理论知识开展交流与学习。另一方面，国家政策规划辅导员专业实践。高校辅导员专业实践主要包括高校辅导员职业技能大赛、项目化的辅导员工作精品项目、辅导员挂职锻炼等方面。教育部作为辅导员专业实践项目的策划者，从宏观方面提出计划，并且有具体措施保障实施，能够在全社会范围内形成辅导员积极研究工作，积极参与专业实践、各项比赛，以及评比成效显著的良好氛围。再者，国家政策助力辅导员进行专业学术研究，在教育部人文社会科学研究专项任务中，设有辅导员骨干专项课题。国家政策宏观规划是辅导员专业发展过程的保证。国家层面对辅导员理论知识进行了明确的界定，让辅导员能够充分了解、开展专业的工作，明确其所需掌握的知识及结构。与此同时，国家层面还提供了关于辅导员的培训计划，其中，辅导员骨干培训坚持得比较好，能够形成规模，覆盖绝大部分辅导员，满足辅导员获取理论知识的需要。此外，高校辅导员在职攻读博士学位的政策，为不少辅导员提供了继续深入学习理论知识、精研某一方面专业知识的机会。国家层面的各项专业活动、社会提供的专业活动、学校设计的专业活动，为高校辅导员提供了成长的舞台，使辅导员在与学生的交往接触中，不断地经历，在经历中体验、在体验中感悟、在感悟中提升，进而迅速成长为专业能力较强的高校辅导员。

另外，国家政策宏观规划是辅导员专业发展目标的保证。国家、社会、学校"三位一体"的协作局面的形成是实现辅导员职业化、专业化、专家化建设的保证。国家提出辅导员队伍职业化、专业化、专家化的建设目标，需要现实层面的进程与途径来实现。只有国家、社会、学校层面的目标、方向一致，才能行动一致，才能为取得队伍建设的专业发展成果奠定基础。目前，各地、各高校，对于高校辅导员的"三化"建设目标已达成共识，能够围绕这一目标展开建设工作。

（二）社会氛围

社会氛围发挥中观推动作用。在国家的大力推进下，社会各界主要是媒介，要发挥氛围营造职能。现代新媒体发展迅速，因此要依靠传统媒体和现代新兴媒体的大力宣传，创造良好的舆论氛围，形成广泛的社会共识，使公众对辅导员职业有充分的认识，在全社会形成对辅导员职业的认可、对辅导员专业发展的认同、对辅导员承担立德树人根本任务的确认。对国家、各地、学校层面的各类辅导员活动应进行广泛的宣传报道，对评选辅导员年度人物应全程关注、现场直播、后续跟踪，从而形成持续的舆论态势，让高校辅导员正面积极的形象深入人心。通过对先进典型的宣传不断发酵，这样既能对全体社会成员起到宣传教育的作用，又能对从事高校辅导员工作的人员进行积极引导。正是在社会的积极宣传与影响下，高校辅导员事业才能被社会认同，辅导员工作要走向专业才能形成共识，辅导员形象才能正面又鲜活。经过持续几年的氛围营造，国家才能够实现对辅导员队伍建设的预期，能够调动学校、辅导员积极做好相关工作，实现队伍的顺利转型，为辅导员制度的改革奠定基础。

发挥正能量，积极引导高校辅导员队伍的建设与发展。如果社会缺乏应有的责任、使命与担当，自然就不能发挥支撑作用。因此，社会对于辅导员队伍建设，对于辅导员的专业化发展，不能作壁上观，不能成为旁观者。社会各界，尤其是各大媒体，要有责任和担当，要展现出对高校辅导员队伍的关怀，要关心高校辅导员队伍的建设，要及时宣传报道关于队伍的活动开展情况，要积极正面地宣传先进典型、挖掘感人事迹，给广大高校辅导员队伍树立良好的形象，这是社会层面能够发挥的作用。另外，社会各界要能够结合教育部、本地、本高校的实际工作，及时跟进，开创性地开展好工作，不能只是被动地跟进报道，要有前瞻性、全程性、深入性。总之，要能够在责任与使命的感召下，心中装着高校辅导员，尽职尽责地完成对高校辅导员队伍的宣传，完成树立高校辅导员良好形象的重任，在国家、社会、学校三位一体建为中发挥作用。

（三）学校制度

学校制度要发挥微观保障作用。国家、社会的大力推进离不开学校的积极响应、主动发挥引导作用、积极落实好相关制度措施等。如果没有学校的具体工作来推进，国家、各地出台再好的政策都是一纸空文；社会影响力再好，各学校不努力，所在高校辅导员的发展也是有限的，甚至是无力的。因此，学校层面的微观发力很关键。学校要把国家、各地各项规定，结合本校实际逐一落实，落实不了的要创造条件或者等待时机尽快落实。高校是辅导员的"衣食父母"，辅导员生存在学校、发展在学校，依靠学校提供的条件与环境，与学生朝夕相处，获得报酬，获得学习与培训的机会，获得职称评定与晋升的机会。我们不断强调，也大力呼吁，各高校要有担当，针对高校辅导员的各项政策要落实，这不只是对辅导员尽责，更是对国家培养人才、以德育人工作的重视。因此，在国家、各地、全社会的大力支持下，学校要有责任和担当，在微观层面落实、落细关于辅导员的各项规定。有条件的学校，还应创造性地出台相关制度、搭建平台，让辅导员这支队伍有条件发展、能够顺利地发展，这是关系到人才培养的重要事业。学校当义不容辞，挑起担子，不断前行。

学校在当前深化改革、内涵式发展、创"双一流"的背景下，要有紧迫感和危机感，要紧紧抓住辅导员人才队伍建设这个关键点，为高校的发展创造稳定的校园环境，在落实好国家规划方面，下足功夫，在辅导员制度与机制设计与落实方面，发挥应有作用。在当前我国深化改革推进社会主义市场经济发展、各高校深化改革走内涵式和特色发展道路、各高校建设"双一流"的时代背景下，高校应成为参与竞争的主体、事实上自主办学的主体、参与市场竞争的主体、协同创新的主体。

第二节　高校辅导员专业化发展运行的重点

辅导员在专业活动当中得到成长，如何培养高校辅导员的专业意识，使其产生专业认同，唤醒、激发自主性，从而能够自觉自愿地从事专业化发展，这就需要从两个方面着手发力，即外在推力和内在动力。

一、形成辅导员专业化发展的外在推力

（一）通过协作推动辅导员专业化发展

无论是从提升高校管理水平、打造专业执教队伍，还是从推进创新人才培养来看，构建辅导员和专业教师的有效协作机制都是势在必行。

1. 专家授课提升专业度

要完善辅导员与专业教师能力的培训和发展机制。高校应投入专项资金，建立常态化专业教师与辅导员培训机制，构建有效的培训平台，以加强专业教师与辅导员队伍建设。于此同时，将每年定期的专业教师培训工作作为大学生教师队伍建设的重要抓手。培训可以采取专题讲座、案例教学、现场参观等多种方式进行，邀请国内外知名学者、教育管理专家进行专题授课，进一步加强专业教师队伍建设的整体水平，提升专业教师的学术水平和执教能力。对于新上岗的青年专业教师，学校可以邀请指导经验丰富的专家、教授从专业教师职责、团队合作、项目申报及综合管理等方面对大学生培养流程进行全面介绍，帮助新的专业教师尽快适应身份上的转变，更快地融入专业教师的角色。针对辅导员，也应开展形式多样的培训活动，通过参加创新教育研讨会、职业能力培训班等方式不断地学习新的业务内容。同时，启动辅导员专业能力提升计划，提升辅导员在专业领域的知识素养，更好地与专业教师进行沟通交流。

2. 搭建多渠道沟通平台

高校辅导员与专业教师只有充分认识到彼此工作目标的一致性，树立协同育人的观念，才能发挥出合力的作用。教育观念的一致性是保证协同机制顺利实施的关键因素，高校辅导员与专业教师协作机制实现的关键就是要解决观念上的问题。教育观念能够直接反映出高校教育者的工作态度和教育方式，一方面，高校要认识到协作机制是适应当今"双一流"教育理念的有效实践，对提高高校教育管理水平有重要作用；另一方面，辅导员和专业教师必须认清形势，转变固有观念，达成共识，凝聚双方力量，发挥共同优势，明确协作机制的目的都是培养高素质创新人才。而且，这也是专业教师和辅导员最根本的工作任务，只有建立科学的协作管理机制，搭建有效的沟通平台，加强协同育人制度的建设，才能有效地提高当前高校大学生工作的教育和管理水平。

实现高校辅导员与专业教师协作机制是一项长期性、系统性的工作，需要多方位、多渠道的协调配合。因此，高校应总体协调，相关部门应通力配合，召开专题研讨会议，支持信息资源共享，设立协作机制专项经费，发挥联动作用。同时，为保障协作机制的有效开展，需要在辅导员和专业教师之间建立行之有效的沟通协调制度，保证各部门沟通无阻，信息交流顺畅，最终实现协同育人的目标。在日常学习生活中，高校可以定期开展学术研讨会、社会实践、实地调研、工作交流会议来增加辅导员和专业教师沟通的机会，专业教师可以组织一些具有专业特色的学术活动、交流论坛等，邀请辅导员参与大学生学术培养的过程。同时，辅导员可以邀请专业教师参与学生党建活动、素质竞赛、评优评先等工作。

3. 提高协同效率

专业教师在大学生培养过程中一直占据主导地位，他们大多年龄偏长，都是本专业领域内的佼佼者。大学生通常以专业教师的学术成就、科研经验、人生态度等作为自己追求的人生目标。他们在学生中的威信力是不可撼动的，时刻影响着学生的科研能力、学术态度等，拥有较高人格魅力的专业教师甚至会影响学生整个人生的发展。但是，现行的专业教师评价体系主要是把专业教师的论文、课题、成果等作为考察指标，因而在高校传统培养模式中，专业教师一般只关注学生的科研工作、实验进展，却忽视了对学生心理、思想方面的关注，也缺乏相应的思政知识和技巧。辅导员具有较强的组织能力，接触大学生通常是在专业以外的思想政治教育活动、党建活动、心理疏导、职业规划等工作当中，多以朋友的身份与大学生进行心理、思想方面的沟通，但缺乏足够的威信力和影响力。由此可知，辅导员与专业教师是在各自相对独立的领域同大学生进行互动和沟通，彼此之间几乎没有交集。

同时，高校往往以大学生的学习成绩作为评奖学金及进行其他奖励的主要参考，这使得专业教师和辅导员对思想政治教育产生冷淡的心理，更是让部分专业教师认为没有与辅导员相互沟通的必要，导致专业教师与辅导员之间沟通不畅。通常只有在学生犯下重大错误时，专业教师和辅导员才有机会坐到一起好好沟通，可见双方交流比较被动，有问题时才沟通，没问题时几乎不沟通，这不利于大学生思想政治教育工作的提升，同时也影响其科研学术工作的顺利开展。

（二）通过制度与文化建设推动辅导员专业化发展

高校辅导员的专业化发展，需要学校层面落实好制度与机制，提供良好的发展制度保障；需要学校层面重视辅导员队伍建设，培育良好的辅导员队伍文化，为辅导员专业化发展提供良好的氛围保障。学校层面制度与氛围的形成，能够推动高校辅导员的专业化发展。

1. 学校制度保障专业化发展的实施

国家层面的政策与设计，最终需要在学校层面得到贯彻实施，这样才能为辅导员的专业化发展带来实实在在的推进作用，否则，再好的制度也只能是一纸空文。各高校结合教育部的政策与文件要求，以及各地方教育部门的各类要求，形成具有本校校情和特色的高校辅导员制度与机制，为高校辅导员的专业化发展提供了坚实的制度保障。例如，关于高校辅导员的配备与选聘、高校辅导员的发展与培训、高校辅导员的管理与考核，高校辅导员的准入、培养、考核、分流等方面的具体措施等问题，都需要各高校制定相应的细则落实，以此保证高校辅导员在选拔、培养、考核、激励、提拔等方面有章可循，真正使辅导员队伍能安心于本职工作，又能让部分高校辅导员到更适合的岗位去发展，对能够承担领导责任的辅导员进行提拔。这些方面的落实与实现，有赖于制度设计与执行，有赖于辅导员队伍各项规章制度的完善，有赖于对高校辅导员的双线晋升、职称单列、考核、表彰奖励等制度的落实。

2. 建设和发展辅导员文化，营造良好的专业发展氛围

对于高校辅导员的专业化发展，一方面我们要重视制度的保障作用，另一方面，我们不能忽视辅导员队伍的文化建设。文化相比于制度，更能潜移默化地发挥其影响力。因此，作者认为学校层面的文化建设，尤其是辅导员队伍的文化建设，能够为辅导员的专业化发展营造良好的人文氛围，切实助推专业化发展。发展辅导员队伍文化，可以从以下几个方面着手。第一，发展辅导员队伍的共同体文化。因为高校辅导员的专业化发展，需要搭建辅导员的共同体，辅导员的学习共同体、实践共同体，能够促进其专业化发展。第二，发展辅导员队伍的合作文化。高校辅导员专业化发展，需要高校辅导员之间加强交流与合作，这是高校辅导员的专业化发展的有力保障，在交流与合作中，能够发展高校辅导员队伍的合作文化，切实为专业化发展助力。第三，发展辅导员队伍的共享文化。高校辅导员个体在实际工作和各自的专业活动中所积累的专业发展的经验和知识，尤其是专业实践智慧，需要在合作与交流的基础上实现共享，只有这样才能促进辅导员群体的整体提升。因此，辅导员队伍文化建设，共同体的文化交流、共享的文化形成，能够让辅导员个体与群体之间进行有机融合，实现专业化发展；在个体提升的基础上，实现整体的专业化发展；并且在整体推进的基础上，最终实现辅导员队伍的专业化建设。

（三）通过培训、项目、活动推动辅导员专业化发展

高校辅导员的专业化发展需要学校引导。学校通过开展辅导员培训、项目化设计、发挥典型引路作用、开展各类职业技能大赛与挂职锻炼等活动，引导辅导员投入专业化活动，使其在活动中产生专业化意愿、提升专业化素养、涵养专业化精神。

1. 学校层面的培养与培训

2017 年，教育部印发的《普通高等学校辅导员队伍建设规定》明确规定："高等学校负责对本校辅导员的系统培训，确保每名专职辅导员每年参加不少于 16 个学时的校级培训，每 5 年参加 1 次国家级或省级培训。"对学校层面的辅导员培训，明确规定了学时和次数。可见，国家在顶层设计时，对学校层面的重视程度。高校辅导员在学校获得专业化培养与培训，能够提升专业化意识，积累专业化理论与知识。定期组织培训，邀请专家学者讲座、讲学，及时把握最新辅导员工作理论与知识，掌握理论前沿，把握国家的政策与方向，可以更好地帮助辅导员自我更新，重新梳理知识结构，使其工作方法能够跟上时代的要求。

2. 学校层面的项目化设计

学校层面的辅导员工作项目化实施要与教育部的要求协调一致，助推辅导员钻研工作、在工作中成长。学校在教育部统一规划与指导下，强化辅导员项目化发展，在项目化培育方面，能够更加深入、细致地开展工作。教育部出台的辅导员工作精品项目，需要学校层面的设计、培育与发展，否则，教育部的要求就难以落到实处。如果没有学校的积极参与与配合，各高校辅导员就不能在学校层面得到工作的项目化设计与培育，也就难以有精品项目报送到全国层面去参与竞争评选。高校辅导员在学校统一项目的设计组织中，能够结合自身工作，梳理自己的工作内容，提出项目化的发展思路，在项目中，通过设计、实施与评估深入理解工作，并在项目中提升专业化素养。

3. 学校层面的各类型活动

学校通过培育先进典型、开展学校层面的职业技能大赛、组织推荐辅导员参加国内访学和挂职锻炼等活动，能够促进辅导员的专业化发展，使其在这些活动中锻炼成长，明确专业化发展意愿、提升专业化素养和专业化精神。国家层面的设计，为学校开展各类活动提供了思路和方向。这些活动都需要学校的支持与配合，为辅导员提供了充分的发展空间和表现舞台。只有在先进典型的引导下、在校内职业技能大赛的磨砺中、在国内访学交流中、在考察学习中、在挂职锻炼中开阔眼界、提升视野，辅导员才能够增长见识，激发发展意愿、唤醒发展动力，积极投身专业化实践，进而实现专业化发展。

二、挖掘辅导员专业化发展的内在动力

高校辅导员的专业化发展，除了理论知识的获得、专业活动的参与，还有一

个重要方面，就是非理性层面的"悟"。只有通过辅导员个体的"感悟"，才能获得真正的个体专业知识，才能在活动中提升专业能力，才能在知识积累与能力提升中塑造专业精神。

（一）专业精神是"悟"的前提

1. 激发辅导员的责任感

人们如果对自己所从事的事业没有热情和动力的话，就不会产生内在的需求和工作积极性。列宁曾经说过，如果没有人的情感，就不会也不可能对真理产生追求的热情。[①] 辅导员工作的热情、工作创新的内在动力都来源于自身对辅导员工作的积极性，来源于学生对辅导员的认可程度。有关调查表明：大学生希望辅导员可以成为自己的良师益友，能够在日常生活、学习和工作中友好相处，能够对学生的思想、道德、心理、生活等方面进行及时的指导和帮助，当学生遇到困难时，能够正确地引导学生，促进学生的全面发展。

2. 激发辅导员的成就感

主张个人价值的实现，推崇个人选择和个体自由，这是现代文明的主要特征。马斯洛的需要层次理论指出：人类拥有最基础的五种需求，根据重要性进行先后分类，分别是生理需求、安全需求、感情需求、尊重需求、自我实现需求。五种需求就像阶梯一样，一个阶层的需求得到满足后，就会朝着下一个阶层发展。自我实现需求，也就是价值体验，是人类需求最高的一个阶段，更是激发人们积极性的动力源泉。实现价值追求是人们从事挑战工作、获得事业成功的内在动力，能够激发人们的积极性，达到振奋人心的目的。实现价值体验、激发成就感是个人对自己认为比较重要的工作或是有实际价值的工作认真完成，并且达到相应的目标后而产生的内在动力，它是稳定人格特点的重要力量，能有效地激发人内在的责任感和事业心，更是激发自我责任意识和上进思想的关键。

3. 激发辅导员的积极性

辅导员是高校思想政治教育工作的主要力量，也是高校育人工作的关键所在，一般而言，辅导员是高校高水准业务精英和党政管理干部的重要力量资源。大量的实践表明，很多人在辅导员的工作中获得了成长和锻炼。其中，有大量的领导干部、学术大师出身于高校辅导员，这告诉我们，辅导员的岗位能够培养出大量的专业性人才，可见高校辅导员的岗位十分重要。教育部发布的《教育部关于加强高等学校辅导员、班主任队伍建设的意见》表明，高校辅导员有双重责任，不

---

① 伊林，安吉. 谈谈科学（续）[J]. 科学大众，1952（10）：290-292.

但是老师还是管理人员，不但可以运用老师的身份去应聘思想政治教育工作或是从事相关专业的技术工作，还可以用管理干部的身份去应聘行政职务或是享有相关的待遇。在文件中还考虑到了辅导员的"出口关"问题，支持和鼓励一些攻读有关学位和进行业务进修的辅导员，长时间进行辅导员工作，向专业化、职业化的方向发展。依据自己的实际情况，可以将辅导员向教学、科研工作岗位进行输送，并且把专职辅导员队伍作为党政干部的主要力量，进行优秀人才的选拔，根据实际工作的需求，向校内管理工作岗位输送或是向有关组织进行推荐。高校选拔党政领导干部，更加注重专业辅导员的实际经验，这就是要求高校辅导员要积累更多的经验、拓展发展空间，有效地激发辅导员的工作热情和积极性。

（二）专业知识是"悟"的收获

关于高校辅导员队伍在职业化、专业化方面的建设，国家层面的设计，主要是基于培养、培训、学位提升、活动锻炼等方面进行考虑。对于高校辅导员专业化发展，对于辅导员个体、群体专业知识的提升，如果仅仅停留在理论知识的灌输、学习方面，就显得有些不足了。高校辅导员的知识包括显性知识和隐性知识两个方面。显性知识可以通过培训、学习、教材等方面来获得，而对于藏于"冰山"下更加丰富的隐性知识，要么靠辅导员之间共享来获得，要么通过辅导员自身的专业实践来获得。然而，单纯的专业实践并不一定能带来源源不断的专业知识，只有在实践中，通过"感悟"，也就是通过反思，才能让自己的经验上升到知识的层面；只有通过"悟"才能收获个体的知识。如果没有辅导员个体的经验与知识的积累，没有在具体情境中的实践积累，没有解决具体问题的知识体系，辅导员就难以达到专业水平。实际上，高校辅导员的工作具有极强的情境性。每一次辅导员都会面临不同的学生、不同的场景，在解决不同的问题时，所运用的知识与技巧都会不一样。如果不在实践中学习、不在实践中感悟，就不会有经验的积累，也不会有专业的成长。因此，我们不仅要重视专业实践，更要重视在实践中的感悟。辅导员个体要在实践中不断积累，形成独特的个体知识，在交流与分享后形成辅导员群体的共同知识。

（三）专业能力是"悟"的结果

高校辅导员的专业能力，要依靠专业活动在实践中提升。如同专业知识的获得，专业能力一方面要靠专业实践与活动，另外一个重要方面是要靠感悟，靠高校辅导员的个体反思。在反思与感悟中，辅导员个体的专业能力得到提升。专业能力是评判高校辅导员能否胜任岗位的重要指标，如果高校辅导员能够不断地进行专业实践，在不同的实践情境中积累专业知识，在此基础上，还能够更加游刃有余地开展类似或相近的工作，这便是其能力的体现。

第三节　高校辅导员专业化发展运行的条件

高校辅导员专业化发展的"金字塔"结构，不是仅靠辅导员个体的自我努力与自我修养就可以实现的巨大工程。在中国高等教育体制内，高校辅导员要依照"金字塔"结构实现专业化发展，既需要发挥辅导员个体的自主作用——这是内部条件，也需要发挥学校的主导作用及其他社会主体的协同作用——这是外部条件。

一、发挥好学校的主导力量

学校是高校辅导员专业化发展的主导力量，这是由学校在辅导员专业化发展过程中所起的作用和所担任的角色来决定的。高校辅导员专业化发展意愿普遍较低的现实，决定了要有外力介入，才可能推动更多的辅导员走上专业化发展道路，学校无疑要承担起这个重任；高校辅导员以其为学校所作的贡献获得了学校的主动支持；高校作为辅导员工作的场域，为辅导员专业化发展提供了便利的专业活动场所。基于这三方面的因素，高校辅导员专业化发展结构的有效运行，必须以高校作用的发挥为客观条件，如果不考虑高校的地位及其作用的发挥，其所构建的任何辅导员专业发展结构都不可能得到有效运行，这种专业化发展结构对辅导员的专业化发展也就毫无价值。

（一）高校发挥主导作用提高辅导员的发展意向

就整体而言，高校辅导员专业化发展的意愿普遍较低，这是当前制约高校辅导员专业化发展的重要因素，也是当前高校辅导员职业化、专业化、专家化建设缓慢的根源所在。究其原因，一是高校辅导员自身专业背景多元，一般不具有思想政治教育的专业知识，对一个全新的专业产生学习、实践、研究的积极性自然不高；二是高校辅导员没有感受到来自学校层面的压力，没有外来强制力要求其参与专业化发展。这些状况决定了只有学校主导专业化发展进程，高校辅导员的专业化发展意愿才可能增强。因此，学校需要给予辅导员适当的压力以推动其参与专业化发展。高校辅导员留恋原有专业，对所从事的大学生思想政治教育专业缺乏认同感和归属感，从而影响了辅导员对专业技能和专业能力的钻研与掌握，极大地消解了国家推进辅导员队伍职业化、专业化、专家化建设的政策意愿。这就需要学校结合国家的顶层设计，出台有针对性的制度与措施，对辅导员的专业化发展提出明确要求，强制辅导员步入专业化发展的轨道，并且与辅导员的考核、绩效适当挂钩，从而为高校辅导员专业化发展的金字塔结构的有效运行提供条件，并注入强大的推动力。

（二）高校为辅导员的专业化发展提供了条件

高校辅导员生活、工作在学校这个场域，离开学校这个场域，高校辅导员的生存与发展就无从谈起。第一，学校是高校辅导员生存的现实依靠。学校为高校辅导员提供物质待遇，解决其基本的生存问题，是高校辅导员的现实依靠。第二，学校提供了高校辅导员与学生交往实践的场所。高校辅导员开展大学生日常思想政治教育工作，主要是通过与学生的交往来实现的。学校正是高校辅导员为实现专业化发展而开展实践活动的场所，学生与高校辅导员在学习与生活中，在社会实践、校园文体活动、主题班会等各类活动中建立联系、相互促进、共同发展。第三，学校提供了高校辅导员之间相互交流的平台。高校辅导员的专业发展需要相互之间的支持与帮助，高校辅导员在专业活动中积累的实践知识也需要相互交流。高校辅导员彼此交流合作的平台，如论坛、沙龙、辅导员之家等正是学校提供的。此外，学校为辅导员提供了职能技能大赛等平台，为高校辅导员的专业发展提供了展示的机会。

传统的辅导员培训除思想理论、基础知识与基本职责的掌握外，日常针对新人上岗培训主要是以以老带新的方式进行，个别辅导员需要自我摸索及进行经验总结，这种培训方式比较简单且不规范，缺乏系统性和计划性。由于新任辅导员大部分是应届毕业生，缺乏相关的工作经验，不能适应学生事务管理的各方面需求，这就需要教育主管部门和高校自身建立科学合理的辅导员专业化培训体系。针对高校辅导员专业化培训出现安排不合理和培训内容缺乏实效性的问题，应科学合理地安排辅导员专业化的培训内容，这样才能促进高等教育质量的不断提升，同时为高校学生能力的发展打下坚实基础，从而实现培训质量的显著提升、培训规模的不断扩大，稳步推进高校辅导员专业化建设。

建立分层次、分阶段、多种多样的培训方式，将辅导员培养成为高校发展型思想政治管理工作的骨干力量。辅导员队伍培训形式多样，能够满足高校辅导员的实际需求，在不同程度上促进其专业能力的提升。只有将高校辅导员的专业培训落实在辅导员工作过程的各个阶段，能够结合实际工作过程中遇到的问题，这样辅导员才能真正学习到处理问题的技能与方法，从而提高辅导员队伍整体的工作能力。

（三）高校辅导员工作推动学校积极主导专业化发展

高校辅导员开展大学生日常思想政治教育，融入学生的日常学习与生活，服务于学生的学习和成长，既发挥了安全稳定的作用，为学校的改革发展稳定大局贡献了力量，又作为学校重要的人力资源，为学校党建工作、校园文化建设贡献了才智，是学校事业发展中不可或缺的重要力量。具体来说，高校辅导员与学生朝夕相处，掌握学生的思想动态，能够及时反馈并解决学生的实际问题，在重大敏感时段及关键时刻，也能及时化解各类问题和矛盾，用实际行动维护学校的安全稳定；高校辅导员围绕学校的中心工作，为学校的改革、发展和各项事业的推进创造有利环境；高校辅导员在学生入党培训、入党谈话、教育考察等方面做了大量工作，为培养合格的党员贡献了力量；高校辅导员通过开展各类校园内外的文体活动，指导学生社团发展，为学校校园文化建设带来生机与活力。对高校辅导员所作的贡献，绝大部分学校都是能够看到的，学校希望辅导员队伍建设能够更上一层台阶，希望辅导员能够更好地服务于学校的各项事业，特别是更好地促进学生的成长成才。正因为如此，越来越多的学校愿意主导辅导员的专业化发展进程，为辅导员专业化发展创造条件，制定辅导员学习、实践、交流、研究及学历提升的政策措施，为辅导员专业活动提供场所与设施，为辅导员职级晋升制定专门标准，从而主导高校辅导员专业化发展的总体进程，为高校辅导员专业化发展的"金字塔"结构的运行提供了条件。

二、激发辅导员的自主作用

高校辅导员专业化发展的实现在某种意义上受高校辅导员个体自主意识觉醒的程度所左右。如果高校辅导员能够在专业活动中唤醒主体意识，自觉自愿地参与专业活动并积累专业知识、掌握专业技能、涵养专业精神，专业化发展进程就会比较顺利，专业化发展的效果就会不断得到增强。因此，高校辅导员专业化发展的"金字塔"结构的有效运行，必须以辅导员专业化发展自主意识的增强为主观条件。如果没有辅导员个体自觉自愿的积极参与，学校的主导与社会的支持都将白费。

（一）制定学习制度，培养学习习惯

一方面高校应就开展政治理论学习建立专项工作制度，通过专项制度，加强对马克思列宁主义、毛泽东思想、邓小平理论、"三个代表"重要思想、科学发展观及习近平新时代中国特色社会主义思想等与中国革命、发展实践密切结合的科学理论的学习效果和认知深度，把握思想之舵，筑牢理论根基，使广大辅导员坚定心中的理想信念，从而实现"铸魂育人、立德树人"的初衷和愿景。另一方面，把开展政治理论学习作为生活常态。政治理论学习从来都不是一劳永逸或者满足一时之需的事情，作为辅导员更应把政治理论学习作为一种工作常态，积极从科学理论经典中汲取知识和能量，丰富理论水平、提升精神境界，从而有助于辅导员在职业生涯中树立正确的世界观、人生观、价值观，为培养社会主义建设者和接班人提升自身素质，筑牢自身根基。

（二）提高教学艺术，实施情怀教学

习近平总书记在思想政治理论课教师座谈会上对教师寄予了殷切希望，提出了明确要求，"情怀要深"便是其中之一。当代大学生特点明显、价值取向多元，自我意识较强却缺乏自我认知，在思考问题、作出决定时往往以自我为中心，不能深刻、准确、系统地认识问题，表现出一定的片面性和幼稚性。为此，辅导员要树立"每个人都是可造之材"的理念，要通过理论学习和教育实践不断加深对教育本质的认识，树立起敬业、爱生、乐教的职业自觉，顺应学生成长规律、教育规律、思想政治工作规律来开展教育活动。实践证明，要做好大学生的思想政治教育工作，便要在这份工作中注入更多的感情，这样才能引发大学生的情感共鸣，达到良好的教育效果。

因此，一方面要使工作充满人情味。在实际工作中，有些辅导员工作效率低，主要原因是与学生的感情储蓄不够。辅导员应该像银行的"资金储蓄"一样与学生建立感情储蓄，在工作中给予学生足够的爱和尊重、陪伴和鼓励，包容学生的缺点和错误。特别是面对一些"问题学生"，他们都有特殊的成长背景，很少获得老师的表扬，难以从老师那里获得尊重，所以辅导员的关爱尤为重要，在一定的场合下，有时候一句话甚至可以改变学生的一生。因此，辅导员工作必须讲人情味，指引学生找寻温暖，通过营造友爱、团结的氛围抚慰学生的心灵，激发学生的学习动力，增强学生的自信心。另一方面，要使工作充满信仰。当代大学生思维活跃，喜欢独立思考和认识问题，看待问题多采取物质的标准而非精神和政治的标准，他们民主法治意识强，喜好自由与和平。这样的思想特点要求教育者

要从受教育者的成长发展、受教育者的思想和认识特点出发来做工作。因此，辅导员要引导学生立德成人、立志成才，帮助学生树立正确的"三观"，坚定对马克思主义的信仰，坚定对共产主义和社会主义的信念，增强"四个意识"、坚定"四个自信"，防止学生患上精神上的"软骨病"。只有使工作充满信仰味，学生才能将信仰自觉融入思想中，才能补足"精神之钙"，从而有更加坚定的信念去迎接各种考验和挑战。

（三）转变理念，提升团队内生力

由于工作特殊、事务繁杂等种种原因，辅导员"以自我为中心"的观念早已根深蒂固，但是我们应该认识到，任何工作上的成功单靠某个人的力量，是很难实现的。因此，辅导员应摒弃以自我为中心的错误理念，要学会与学生进行交流，与工作伙伴、同仁和同事进行交流，与领导进行交流，掌握说话的艺术，实现逐渐从"单打独斗型"向"协同作战型"的转变。这样一来，有利于促进团队和谐，提升辅导员的工作效率，解决辅导员职责过重、工作内容复杂等问题；有利于辅导员整合各方优势资源，形成教育合力和协同影响力；有利于引导辅导员完成从"做事者"到"做局者"的转变，将时间和精力用在整合资源上，保持为学生服务的本心，努力提升自我，将为学生服务的初心体现在团队建设的全过程中，提高团队的内涵式发展水平。

科技发展为社会进步带来"红利"，高校作为传播先进知识的主阵地，必须要用先进的技术武装自己、提升自己、优化自己，才能更好地为受教育者服务。因此，必须抓紧网络发展机遇，运用大数据模型和互联网思维，建立一个以目标为纲领、以组织架构为骨架、以人为心脏、以工作流程为经脉、以知识信息为血液，使组织内外的各个部门、各个人员协同运作起来达成组织目标的信息系统，即 OA 系统。一方面，通过 OA 系统，以工作流程为纽带，将学校、学院、辅导员进行串联，日常工作可通过该平台进行传递，既可以通过该系统及时了解相关工作进程，也可以对过往工作进行回顾和反馈；另一方面，还可以让组织实现构建跨学院、跨部门的协助沟通渠道，让信息能够更加快速有效地流转，让不同部门的辅导员可以围绕同一个事项实现快速协助，大大提升协作效率。

三、形成多主体的协作局面

高校辅导员专业化发展的运行，除了需要学校主导的客观条件及辅导员个体自主意识觉醒的主观条件，还需要其他主体提供支持与帮助。在全社会范围内形成支持、鼓励辅导员实现专业化发展的良好局面，这是高校辅导员专业化发展有效运行的外部条件。

（一）多主体协作的重要性

构建高校辅导员专业化发展的"金字塔"结构，需要众多主体共同发力，有效整合资源，共同促进辅导员的专业化发展。协作是关键所在，它对于多主体协作局面的形成具有非常重要的意义。各个自主系统，如国家、社会、学校、辅导员协会、辅导员个体等，能够在一致的目标指引下共同推进高校辅导员专业化发展，关键在于要形成多主体协作局面。第一，多主体协作局面的形成有助于形成合力。国家的指引、社会的支持、学校的主导，是形成辅导员专业化发展合力的关键，单纯依靠辅导员自身的力量并不足以达到辅导员队伍职业化、专业化、专家化建设这个目标，单凭辅导员自己的力量也很难在全国范围内建立起协会、行业组织。2005 年 1 月，复旦大学成立了全国第一个高校辅导员组织——"高校辅导员协会"；2008 年 7 月，山东大学成立了"中国高等教育学会辅导员工作研究分会"。这些组织都是在国家的主导下凝聚整合全国资源建立起来的。第二，多主体协作局面的形成有助于形成共同的目标。在国家政策指引、社会支持及学校的主导下，全国高校辅导员专业化发展的目标是明确的，那就是通过辅导员专业化发展实现辅导员队伍的职业化、专业化、专家化，通过辅导员专业水平的提高，达到专家的水平，使其工作更有实效。第三，多主体协作局面的形成有助于发挥整体及个体的主动性。多主体协作局面的形成，既能发挥辅导员个体的自主性，又能发挥辅导员群体的能动性，两者被有机整合在一个大系统里，和谐共处、协同发力，共同促进辅导员的专业化发展。依靠协作关系的建立，各主体能够协调一致，在共同目标的指引下，在分层实施措施的推动下，各司其职，发挥整体的力量。同时，各主体又能根据自身的职责与分工，参与相应的专业活动。

（二）多主体协作的框架

促进多主体协作局面的形成，哪些要素对高校辅导员专业化发展能够发挥至关重要的作用，这是我们要重点考虑的问题。就一个协作的关系系统而言，一般来说，包含规划、竞争、约束、协调四个方面的要素。第一，规划。规划就是高校辅导员专业化发展模式中各个主体在每个层面都要各司其职，作好各自的规划与设计，包括国家层面的规划与设计、高校的规划与设计、高校辅导员协会的规划与设计、高校辅导员自身的规划与设计等。第二，竞争。竞争主要是各地、各高校、各辅导员协会之间的竞争，如各办学主体之间的校际竞争、全国性高校辅导员职业技能大赛的竞争等。各高校要直面竞争，立足本校实际，多为高校辅导员专业化发展提供组织、物质等方面的保障，以提升高校辅导员群体的竞争力。第三，约束。多主体协作关系的形成需要各主体加强自我约束、自我管理，自觉为高校辅导员队伍的专业化发展提供支持。第四，协调。在规划、竞争、约束的基础上，最终要靠协调一致的行动来落实高校辅导员的专业化发展，国家政策、社会力量、学校制度及辅导员协会等力量必须相互协调，共同为高校辅导员专业化发展模式的运行提供指引、支持与保障。

（三）多主体协作的过程

多主体之间如何协作？这需要明确多主体协作的具体过程，这是确保模式运行质量的关键。同理，高校辅导员专业化发展协作局面的形成，需要把握好以下四个方面的过程。第一，根据结构运行需求确定目标。多主体协作关系的建立、协作局面的形成，要根据结构运行的不同阶段来确立，任务不同，需求与目标设定就不同。当前高校辅导员专业化发展处于起步阶段，作为促进高校辅导员专业化发展的主导力量，学校要能积极协调其他主体，弄清结构运行在本阶段的需求、确定本阶段的发展目标，尤其要弄清辅导员在思想、待遇等方面的状况，以此明确辅导员的需求及契合辅导员实际的结构运行需求；同时也要弄清国家对辅导员队伍建设的需求，把国家的要求、社会的期待、辅导员自身的意愿整合在学校有关辅导员队伍建设与专业化发展的规划上，以为下一阶段的工作打下基础。第二，作好协作规划并确定协作结构。在弄清发展需求并确定好发展目标后，各高校要厘清协作规划并确定协作结构。在目标任务的指引下，各高校结合当前辅导员专业化发展的实际，根据国家政策与制度，制定详细的协作规划，确定协作结构；在与其他主体协作的过程中，做到行动有依据、合作有思路，确保结构运行过程中能够整合各方资源、协调各方利益，保障专业化发展的有序推进。第三，选择协作伙伴并制定协作方案。要根据协作规划与协作结构，选择协作伙伴与协作方案。在高校辅导员专业化发展结构运行过程中，学校作为主导力量要根据目标任务选择合适的协作主体，如在哪个时段重点依靠国家的政策、在哪个时段积极参与竞争、在哪个时段对辅导员个体提出要求等，这都需要学校主体明确并提出相应的协作方案，才能有效推进辅导员专业化发展模式的运行。第四，实现协作目标并评估结果。高校辅导员专业化发展结构运行过程中，学校要发挥主导作用与不同主体建立协作关系。国家、社会、辅导员等在协作中承担各自的责任、胜任各自的角色，为协作目标的实现共同发挥作用。同时，国家、社会、辅导员之间既要相互依赖又要相互信任，如高校辅导员对国家提出的队伍建设目标和制定的培训、学位培养计划，能够真心地接受并积极参与实践，这样才能把各主体的作用发挥出来。与此同时，在学校层面还应对多主体协作的结果建立评价机制，能够对其中存在的问题及取得的成就给予客观的评判，进一步明确各主体的责任，在专业化发展结构运行过程中明确各主体的任务分工，在不断求解辅导员专业化发展的过程中，实现协作伙伴关系良好、主体作用充分发挥，为辅导员专业化发展的金字塔结构的有效运行提供条件。

第四章　高校辅导员专业化发展的问题及建议

本章内容为高校辅导员专业化发展的问题及建议，内容主要分为三个部分，分别为高校辅导员专业化发展的问题、优化辅导员的组织保障、辅导员专业化发展的创新与展望。

第一节　高校辅导员专业化发展的问题

自我国高校辅导员制度建立以来，其角色从最初的政治辅导员演变成现在的学生全面健康成长的指导者。大学生成长环境的丰富性、发展的多样性、需求的多元化及大学阶段的基础性和重要性，都越来越彰显出辅导员工作及其专业素养的重要性。随着高等学校辅导员队伍建设工作的逐步深入，对辅导员专业化内涵认识的逐步加深，在教育部的统筹下，一些地方和高校纷纷开展了一些实践探索工作，积累了一定的经验。但是，当前我国高校辅导员专业化发展的水平和速度，与高等教育自身发展的要求相比、与世界发达国家相应人员的专业化水平相比、与理想的辅导员专业化标准相比，还存在很大的差距。

就整体而言，我国高校辅导员队伍处于边缘化、离散型的非专业性状态。从全国范围来看，我国高校辅导员队伍存在队伍不稳、工作时间不长、职业意识不强、社会认同感不高、职业归属感缺乏、职称不高、专职比例偏低、专业来源杂、年龄结构分布广、职责不明确、工作成果不明显、工作事务化倾向突出、社会地位和学术地位偏低、专业知识欠缺、工作胜任能力低、专业研究基础薄弱等问题，这已经成为制约辅导员队伍建设和发展的瓶颈，无法适应新形势下大学生成长成才教育的需要。

一、高校辅导员专业化发展现存问题

随着我国高等教育事业的不断发展，人们对辅导员队伍建设特点规律的认识不断深化，专业化、职业化发展的实践经验不断积累，辅导员在落实立德树人根本任务、引领学生成长成才等方面的作用日益彰显。与此同时，辅导员专业化、职业化发展取得了重要进展，思想政治工作的引领作用日益增强，工作的科学化水平不断提升，但仍存在着现实困境，主要表现在以下几个方面。

（一）环境方面

1. 辅导员队伍稳定性差，发展前景不明晰

在 2017 年实施的修订版《普通高等学校辅导员队伍建设规定》中，明确规定高校专职辅导员与学生的人数比不低于 1∶200，但实际很多高校都存在专职辅导员人数配备不足的情况。辅导员人数不足，但工作量庞大，酬劳也较低，工作压力严重影响了工作热情；加之辅导员作为教师的一员，却很少甚至没有真正承担常规的教学任务，作为学生管理者又不能真正厘清自身的本职工作，这种多重且模糊的角色定位不能使辅导员获得职业认同感，这使辅导员的发展前景变得模糊，导致辅导员容易产生职业自卑心理。因此，许多辅导员仅把这个岗位当作临时工作，积累几年工作经验后就会通过考研、考博或是转岗的方式离职。许多高校辅导员的平均职业寿命不到 4 年，每年都会有大批辅导员转岗或离职，这就导致辅导员队伍的流动性高，加剧了队伍的不稳定性，高校辅导员流失已经成为影响高校可持续性发展的一个重要因素。

2. 学生事务管理情况复杂，工作内容不明确

辅导员入职 3 年内，时间和精力被更多用于处理大量的事务性工作，部分辅导员容易由最初对工作充满热情转而陷入角色迷失、职能错位的职业困境。这样的困境主要体现在以下四个方面：第一，部分辅导员因威信较低，工作受阻，新入职的辅导员与学生的兄、姐年龄相仿，加上其刚从学生身份转换为教师，还未完全适应角色，可能在开展工作过程中与学生过于亲近，导致威信较低，后续工作难以开展；第二，未完全掌握做好事务性工作的方式方法，效率较低，新入职辅导员首次面对众多繁杂的事务性工作，往往不能厘清主次，加上不熟悉流程和注意事项，存在做无用功、返工的情形；第三，对突发性问题的应急能力相对较弱，新入职辅导员缺乏社会经验，对各种突发问题可能不能进行及时、有效的处理；第四，容易陷入职业认同困境，长期以来与学生相关的所有工作都被认为是辅导员的职责范围，许多高校的辅导员除负责班级学生工作外，还要负责学院社团、党团建设，工作内容繁复。辅导员一度成为"勤杂工""保姆"的代名词，部分新入职辅导员可能因此陷入职业认知困境。

（二）制度方面

1.工作职责不明确，专业化发展不突出

辅导员的教师、干部双重身份很大程度上是由辅导员职业的专业性与公务性的双重属性所确定的，而辅导员职业的性质变化制约着辅导员身份的确定，公务性和专业性二者的不同权重形成了辅导员法律身份的不同类型，如在聘任方式上存在事业编制、人事代理、临聘制、合同制、劳务派遣、推免攻读硕士学位辅导员等多种身份类型，同时也衍生出了一系列法律问题。从岗位性质来看，专职辅导员占大多数，兼职辅导员、"2+N"类型专职辅导员占比很小。在身份认定中的含混状态会影响辅导员的职业认知和职责履行，导致他们对以何种身份履行思想引领等工作职责表示困惑和怀疑。不同的聘任方式不仅在管理上造成混乱，也会有损辅导员队伍的稳定性及接续性。高校辅导员编制问题是我国高校发展建设遗留下来的历史问题，由于过去在编制待遇方面，高校总是习惯性地将编制让与科研教学人员，而对辅导员进行人事代理或其他合同聘用管理，同时人事代理性质及其他非事业编制聘用类型的辅导员的人事档案往往委托人才市场管理。随着2020年发布的《教育部等八部门关于加快构建高校思想政治工作体系的意见》中明确规定，专职辅导员不得以劳务派遣、人事代理方式聘用，高校辅导员开始全面采用事业编制聘用形式，历史遗留问题也将逐步解决，但对部分非事业编制辅导员而言，过去编制、待遇上的影响，导致其现实发展受阻，造成了他们在思想上的波动，也在一定程度上挫伤了其工作积极性，进而影响其工作实效。因此，只有切实保障辅导员招聘待遇，才能解决辅导员身份认定的问题，充分激发其工作积极性。

虽然制度层面关于辅导员的工作职责定位有明确规定，在教育部《普通高等学校辅导员队伍建设规定》中，辅导员被定义为"具有教师和管理人员双重身份"，他们既是思想政治教育的老师又是学生的管理者，这为辅导员的职业规划指明了方向，但是在实际工作中，辅导员不仅全盘管理学生的各种大小事务，不仅要对学生进行思想教育与价值引导，而且还要处理很多非本职工作，比如与学校各职能部门的接触、承担处理所属二级学院的行政事务和教学秩序等工作，使得辅导员忙于各种事务中，疲于应对，而且大量的非本职工作会耽误本职工作，出现本

末倒置的问题。再加之部分新入职的辅导员也刚从学校毕业，社会经验缺乏，实践能力欠缺，却要承担起庞大的工作量并做好学生的思想价值引领工作，这无疑是一个巨大的挑战，也严重影响了辅导员的专业化发展。

2. 专业化发展缺少保障，配套机制不完善

健全完善辅导员相关的配套机制可以优化辅导员队伍建设，促进队伍建设向专业化方向发展，但目前高校辅导员的相关配套机制仍存在不健全的问题。一是选聘机制不严格。有的高校仍局限在限于本校选聘的传统观念中，不利于多种思维的交流碰撞；有的高校缺少严格的选聘标准的制定，对辅导员的学科背景、专业能力等方面缺少限制与要求。二是培训存在延迟、脱离实践的情况。高校关于辅导员的相关培训落后于实际工作，培训也缺乏针对性、专业性、系统性和全面性，且多数培训都流于形式，缺乏实际可操作性，无法真正起到指导实践的作用。三是职业发展规划不完善。高校关于辅导员的晋升与发展制度设计不完善，缺少相应的晋升保障机制。在实际工作中交给辅导员大量的工作任务，但却缺乏对辅导员职业发展的规划与引导，导致辅导员容易产生职业倦怠。四是考核评价机制不健全。有的高校对于辅导员的考核指标简单、考核主体单一、考核方式传统，缺少对其专业素养、专业技能及科研能力等全方位的评价。高校缺少保障配套机制导致产生了辅导员队伍人员流动性大、晋升困难、自我成就感不高等问题，影响了辅导员走专业化发展道路的信心。

3. 教学缺少系统性，岗位发展方向不确定

高校学生在进行日常学习时，不仅需要吸收书本上的知识，还需要构建出正确的人生观、价值观及世界观，所以对学生进行思想道德品质和政治觉悟教育，成为辅导员的基础工作内容。但是在实际工作的开展过程中，辅导员的工作内容逐渐变得复杂，并且成为多角度、多层次的混合结构体，再加上日常工作逐渐变得复杂且艰难，导致大多数辅导员的工作压力不断增加，逐渐出现工作无法保证顺序的问题，通常就会表现出工作的盲目性，对于工作方式和岗位内容没有更多的时间去探索和规划。辅导员的日常工作需要一定的规律和计划，但是复杂的工作内容不断消耗辅导员的时间，导致辅导员无法抽出更多的时间理顺岗位职责和工作要求，日常教学工作明显缺少系统性，使个人工作状态和教学意识受到严重影响。

目前，随着我国教育行业的不断发展，无论是高校教学教师还是辅导员队伍，普遍出现明显的年轻化特点，尤其是辅导员队伍中，大多数属于刚刚离开校园、走向社会的应届毕业生，因此岗位工作经验较少，教学资历也相对薄弱。在日常

工作中，虽然辅导员需要针对学生的思想品德和政治教育进行引导，然而在学校内部结构中，一般其教学地位较低，导致其薪资报酬也相对较低，其工作价值也得不到重视。这样的岗位现状致使辅导员对于自身岗位发展方向以及职位规划产生了疑惑和自我怀疑，最终造成辅导员岗位出现大量人才流失的现象，严重影响了学校内部结构的稳定性。虽然现阶段高校为了有效缓解辅导员岗位出现的问题和不足，积极开展解决应对措施，但是在实际操作过程中，仍然无法发挥出实际作用，大多数辅导员选择离开，或者利用岗位的便利条件继续强化和深造后，选择更高的平台继续发展。

（三）从辅导员自身方面

1. 职业认同存在模糊现象

职业认同的本质问题是职业的同一性问题，这是由自我同一性衍生而来的概念。职业认同在个人职业发展生涯中发挥着至关重要的作用，它与职业的决策、探索、成功等密切相关。与此同时，社会对某一职业的认同程度也会极大地影响从事个体的职业认同和在职业环境中的适应性问题。将辅导员职业作为终生的事业来对待、当作一种谋生手段、当作事业发展的跳板等想法，都是辅导员上岗的理由。这是因为高校辅导员对于辅导员相关职业的工作实践早于其对工作的认识。然而长久以来，高校辅导员并未发展成为一项体系完备的稳定成熟的职业，因而在国家劳动社会保障部门相关职业认证权威机构制定的《中华人民共和国职业分类大典》中，至今没有单列"高校辅导员"一职，仅被笼统地纳入"高校教师"行列。尽管教育部从《普通高等学校辅导员队伍建设规定》开始就明确规定，辅导员是高校教师队伍与管理队伍的重要组成部分，具有教师和干部的双重身份，但相对于高校专任教师和管理干部而言，辅导员的职业边界还不够清晰，"双重身份"有时也会出现两边都不承认的尴尬局面。只有少数辅导员认同工作前景是十分乐观的，并且认可"双重身份"会给辅导员带来更多的发展机会。大部分的辅导员认为职业上升空间有限，对个人职业发展前景持不太乐观的态度，可见由于辅导员工作长期以来主客观的社会认同问题，逐渐形成了"过渡性""年轻化""流动性"等岗位特征，影响了高校辅导员的职业认同。绝大部分的辅导员认为，自身的工作压力大、内容琐碎繁杂、任务繁重。由此可见，辅导员对自身承担"保姆""救火队员"等杂活琐事的职责定位，以及对自身职业的"年轻人的工作""到期就要转岗""发展空间有限"等职业认知，直接影响着辅导员的职业认同和自我认同，造成辅导员在一定程度上自我效能感下降，职业稳定性变差。

2. **专业素养尚待加强**

在高校这一特定场域内，高校教师通常要求精通和教授某一特定学科，拥有学科知识和技能，以此开展职业活动。辅导员作为高校教师的组成部分，其全面发展的首要环节是专业化发展，从而挖掘工作的内在价值、激发工作的内生动力。因此，辅导员必须具有深厚的理论功底和理论素养，能够运用最新的理论成果指导工作实践。然而，当前辅导员专业化、职业化发展仍然存在一些需要高度重视的现象。在高校辅导员这个职业当中，大多为本科或硕士学历，这样的现状致使辅导员自身存在专业化、职业化发展起点较低、潜力不足的情况。由于辅导员选聘的特殊性，造成"易学难精"的发展困境，既因为部分高校辅导员选拔任用没有严格的专业限制，致使进入该岗位的专业门槛和专业壁垒较低，又因思想引领及辅导员职业标准规定的功能涉及多个学科领域，造成随时可能被替代的恐慌。辅导员学科背景复杂，包含教育学、工学、理学、法学、管理学、文学、艺术学、经济学、历史学、哲学、医学、农学、军事学等。辅导员学科背景来源多元复杂，这既是优势，也是劣势。部分非马克思主义理论、社会学、教育学、心理学等专业的辅导员，在职业素养和专业研究方面的积累往往需要"从零开始"，也导致其对思想政治教育相关问题的研究能力相对欠缺，缺乏专业成长的自信，在解决学生思想认识问题时，可调配的知识和技能捉襟见肘。一方面，由于攻读更高学位机会有限，一些辅导员进入工作岗位后既没有及时提升学历，缺乏系统的继续教育和培训，也没有固定的专业研究平台，在不同的教学院系和职业功能分块工作岗位中流转不定，致使辅导员自身专业归属不清晰，影响了辅导员专业化发展。另一方面，主客观上存在晋升瓶颈问题。由于目前通过辅导员专业化发展和职业化成长而实现专家化转型的辅导员为数不多，辅导员群体对于这条路能否走得通缺乏职业自信、专业自信产生困惑；客观上，由于多数学校编制总量、干部职数、职称数量的限制，使得辅导员岗位和职级晋升竞争激烈，"双重身份""双线晋级"面临现实困境，从而造成辅导员产生职业迷茫的现象。

专业素养是高校辅导员的立身之本，是队伍专业化建设的基础。但就我国目前的情况而言，我国高校辅导员队伍的选拔录用更看重学生时期的干部经历、获奖情况及社会实践等方面，对于是否专业对口的要求并没有非常严格，这就导致辅导员队伍学科背景多元、组织结构复杂、专业化程度低。思想政治教育专业出身的辅导员较少，非专业出身的辅导员较多，许多非专业的辅导员并没有非常深厚的理论基础与扎实的专业学科知识，这就致使其在开展学生日常管理工作与处理学生问题的过程中多数凭自身经验，没有专业理论基础作为支撑，不能很好地把握学生的心理状态，导致工作有一定的盲目性且效率低。加之高校辅导员人数较少、学生的日常事务繁多复杂、工作涉及的范围较广、专业素养尚待提升等多重问题，严重影响了高校辅导员队伍的专业化建设。

教育部在《普通高等学校辅导员队伍建设规定》中提到，高校专职辅导员岗位按师生比不低于 1∶200 比例设置，高校在辅导员岗位配备方面要专兼结合，以专为主，辅导员数量要充足，保证学生日常事务的顺利开展。高校辅导员数量不足，阻碍了辅导员的专业化发展，并且学生事务繁多，无形中增加了现有辅导员的工作量，导致其工作效率大大降低。且辅导员在学生事务和思想政治教育方面精力分配失衡，不利于学生思想政治水平的提高。

高校辅导员肩负着促进学生身心健康发展的重任，需要处理学生的许多日常事务。除此之外，辅导员平时还要与其他职能部门联系，如教育部门、行政部门，增加了辅导员处理日常事务的工作量，导致辅导员没有时间和精力去进行科研工作，无法在某一领域做专业研究。同时一些高校在教师岗位晋升或职称评比方面将辅导员排除在外，降低了辅导员在研究性工作方面的积极性，导致辅导员专业化发展意识淡薄。

目前，大部分高校辅导员的年龄较小，有许多是大学刚毕业就从事高校辅导员这一工作的，他们的工作经验较少，思想意识还处于学生时代的水平，导致难以满足这一岗位的需求，阻碍了高校辅导员队伍的专业化建设与发展。

3. 辅导员队伍结构设置不合理

根据教育部有关规定，高校辅导员师生人数配备比例应按照 1∶200 比例配备。辅导员的配备应以专职为主、专兼结合，每个院系的每个年级应该设置专职辅导员。辅导员队伍的年轻化可以适应学生工作的很多需要，如有朝气、有活力、容易和学生沟通、在思想和心理上与学生比较接近。然而，通过大量数据调查发现，刚毕业就从事辅导员的大学生，普遍缺乏人生体验和工作经验，社会阅历、知识积累、能力水平等方面严重不足，理论功底不深，难以从人格魅力、知识积淀、人生经验等方面给予学生准确的指导，在工作中只能应付日常事务，多从事低水平的重复性工作，很难有创新和提高。

4. 高校辅导员队伍的学历与职称职务较低

高校是特殊群体，在这里聚集着全国乃至全世界的优秀人才，他们对社会文化具有引领导向作用。因此，它对人才规格要求相应也较高，学生满怀憧憬来这里求学，他们对老师或辅导员有潜在的期望值，如果辅导员学历水平不够，将很难树立自己在学生心里的威望，同时学生的期望值也可能会降低。因为从某种意义上说，一个人的学历水平是知识和素养综合水平的体现，所以作为辅导员有必要提升自己的学历水平。职称结构是指高校老师及辅导员的职称构成情况，当前我国高校辅导员的职称呈现出初、中级职称比例较大的现象。

二、高校辅导员专业化建设问题成因分析

通过深度访谈，作者从制度的运行层面了解到高校辅导员专业化建设过程中的现实情况，如工作制度面临现实困境、辅导员队伍配备选聘制度待优化、职业发展遭遇瓶颈、管理考核制度待完善等，力图在此基础上进行成因分析，为破解当前高校辅导员专业化建设的困境提供新的思路。

（一）现代化发展与社会转型带来的现代性后果

现代化是指由传统向现代转变的过程，社会转型则是从传统农业社会向现代工业社会过渡的整个时期。在现代化发展与社会转型的关键时期，社会主义市场经济不断发展，对外开放不断扩大，世界多极化和经济全球化的进程加快，我们逐渐步入了一个文化多元、信息多变的时代，多元化思潮在高校蔓延，这对我国高校和社会的稳定都带来了极大的挑战。一方面，经济全球化导致就业形势严峻，大学生就业压力增大，对高校辅导员工作的开展产生了极大的阻碍。另一方面，伴随着经济全球化的进程的加快，意识形态多元化使部分大学生的政治信仰动摇和价值观念迷失，不良思潮的输入在一定程度上影响了大学生的思想行为，这就为高校思想政治教育工作带来了新的问题和挑战。思想的多样性和多元化反映在学生处理国家、集体和个人利益的关系上，他们常常对社会事件和国家政治表现出"事不关己"的态度，在择业就业、恋爱交往、荣誉评比等方面都表现出较强的功利心倾向，这些都对高校辅导员思想理论教育和价值引领提出了更高的要求和挑战。但同时，高校辅导员还不得不兼顾就业辅导、恋爱咨询、奖助贷、社团组织、党建、会务安排等多项工作。学生面临的问题越多，辅导员的工作任务及复杂程度就会随之增加，辅导员扮演的角色也就逐渐增多，最初对辅导员的角色定位与岗位职责在实际应用中出现了不同程度的偏差。

（二）高等教育快速变革带来的消极影响

新时代，全面建设社会主义现代化国家已开启新的征程，国家对创新型人才培养的需求愈发强烈，这也意味着高等教育使命在肩。我国高等教育经历了从精英化到大众化的历史性跨越，高等教育的快速变革、教育模式的转变和学生规模的不断扩大，对走在一线工作的高校辅导员提出了严峻的挑战，高校辅导员制度在新形势下需要不断完善和发展才能满足当前的需要。首先，我国高等教育进入大众化教育阶段后，教育的职能、内容、结构等都发生了较大变化，高校辅导员工作领域和内容也随之调整和扩充，高校辅导员制度也随之发生了变化；其次，大众化教育带来了大学生数量的急剧增多，使高校辅导员在工作内容、工作方式和工作方法上也发生了较大的变化。在高等教育精英教育阶段，高校辅导员按照教育部的要求 1：100 或 1：120 配备辅导员与学生人数的比例，现在尽管文件规定按不低于 1：120 的配比进行专职辅导员的配备，但实际情况却不乐观，1：300 甚至 1：400 以上也是普遍现象。

如此多的学生要进行教育和指导，辅导员心有余而力不足，难免产生角色冲突、职责泛化等问题，高校辅导员专业化建设的不断完善和创新成为必然。

（三）高校辅导员工作主体多元角色的现实冲突

为了能够顺应时代发展的需要，适应高等教育发展的要求，人才培养成为衡量高校办学质量的重要标准，高校为满足评估指标要求会更加重视即时性的显性化成果，如教学、科研等工作，在财力上也会向此倾斜。由于辅导员的工作性质较为特殊，工作难以量化，思想政治教育成果偏隐性，育人实效不会立刻显现，也没有较为完备的衡量标准。同时，不理解、不认可辅导员工作的情况依然存在，造成很多高校在对辅导员工作条件、发展平台、待遇保障等方面没有给予太多的重视。受整个大环境的影响，对于辅导员本身，也出现重视成果可量化的工作，而对于最重要的思想政治教育工作投入相对不足的情况。此外，在日常管理中，辅导员与学生之间、辅导员与行政管理部门之间不可避免地会出现角色错位、角色缺位等冲突现象，这些都与制度的价值实现相冲突。

（四）辅导员制度执行效力不佳

专业化建设包括发展和建立制度，但又不仅于此。没有制度的执行，就没有专业化的发展。制度实施主体的执行就是对高校辅导员制度贯彻落实的过程。制度的目的和价值就在于制度的实现，也正是制度的执行和实施才能使其具有引导力和规范力。习近平总书记多次强调制度执行的重要性，好的法规制度如果不落实，只是写在纸上、贴在墙上、编在手册里，就会成为"稻草人"。高校辅导员制度所要达到的效果在一定程度上还处于理论的"应然"层面，在实际的"应然"层面还存在高校辅导员制度虚设、失灵和选择性执行等问题。当前，高校辅导员制度在实施的过程中存在片面执行的问题，关键作用难以凸显。例如，教育部《普通高等学校辅导员队伍建设规定》明确规定的专职辅导员配备比例问题，辅导员角色定位和工作界定问题，双线晋升、双重管理、双线考核问题，辅导员职业化、专业化和专家化建设问题落实欠佳，都存在规定与现实执行脱节的现象。由于制度被片面执行的因素，制度法规没有得到应有的重视和有力的执行，这也与高校辅导员专业化建设的初衷相偏离。

第二节　优化辅导员的组织保障

高校辅导员的专业发展需要发挥辅导员个体的积极性、主动性，但同时也离不开国家与学校的支持与鼓励。所谓国家与学校的支持，主要就是能为辅导员专业化发展提供保障，主要包括制度方面的保障、组织方面的保障、文化方面的保障、项目方面的保障及评测方面的保障。

一、建立高校辅导员专业化发展的激励制度

制度是保障高校辅导员专业化发展的基础性因素。制度建设为专业化发展提供了明确的法律地位和法律保障，为后续专业化发展工作的推进奠定了坚实基础。目前关于高校辅导员的相关政策与制度设计在不断完善，其中《中共中央国务院关于进一步加强和改进大学生思想政治教育的意见》是高校辅导员队伍建设最权威的依据，与之相配套的《普通高等学校辅导员队伍建设规定》及其修订稿、2014 年出台的《高等学校辅导员职业能力标准（暂行）》，以及教育部印发的《普通高等学校辅导员培训规划（2013—2017 年）》的通知等，为高校辅导员的培训培养提供了制度保障。但它们主要是针对高校辅导员专业化这个方面的，关于高校辅导员专业化发展的政策与制度设计等方面的直接文件还没有推出，只有《高等学校辅导员职业能力标准（暂行）》中提供了参考意见。专业化的要求是专业

化发展的必要准备。现有的关于辅导员专业化的制度，可为辅导员队伍的专业化发展提供足够的法律支撑，保障辅导员在专业化发展方面的法律地位和法律权利。除了这些政策与制度，国家层面的制度保障还应该设计出更多更好的专业化发展项目，如辅导员精品项目、辅导员国内交流项目，甚至是辅导员的国外交流项目。国家层面的制度保障主要是作出整体规划，学校层面则负责这些规划的有效落实，出台相关激励制度。

（一）学校结合国家顶层设计进行领会并贯彻实施

1. 明确高校辅导员制度顶层设计的依据

首先，高校辅导员制度是我国高等教育制度的重要组成部分。纵观高校辅导员制度近年来的发展，我国教育部门始终根据国家的方针政策不断调整高校辅导员制度的顶层设计方案，在宏观层面上进行优化和完善。制度建设具有根本性、全局性、稳定性和长期性的特点，好的经验、好的做法能否长久发挥效力，关键要看是否落实到制度上。如果失去了制度的保障，再好的工作也难免流于短期效应，因人、因时、因事而变。其次，加强和改进大学生思想政治教育是新时代的必然要求。进入新时代，高等教育的发展与变革、社会主义现代化建设、培养全面发展的时代新人都对思想政治教育提出了更高的要求。在重要的历史机遇期，我们要领先布局、统筹安排，作好适应国家发展需要和人才培养需求的战略设计，以新发展格局推进高等教育高质量发展。随着"00后"大学生逐渐走进高校，他们的思想行为更具多元化和个性化，其生活方式也随着互联网时代的快速发展更依赖于新媒体，如何做好"00后"大学生的思想政治教育和价值引领工作也成为当前高校辅导员面临的挑战。因此，根据"00后"大学生的群体特征，优化高校辅导员制度也成为重要的任务。

2. 高校辅导员制度顶层设计的重点内容

首先，做好实践调研。实践是理论之源，高校辅导员制度在运行中不断发展完善，顶层设计的重点之一则是深入考察辅导员制度化建设，即辅导员制度的制定、执行、落实的具体情况，进行实证研究。实证研究的重点有三：第一，根据重要时间节点系统全面梳理中华人民共和国成立以来高校辅导员制度化建设的历史演进过程，作好文本分析，总结经验特点，在其基础上对顶层设计进一步优化；第二，结合文本分析，通过实证调研了解和掌握辅导员制度落实、建设和发展的现实情况，强化问题意识，探究高校辅导员制度现存的运行困境及成因；第三，深入辅导员工作一线，结合深度访谈和问卷调查，了解一线辅导员对制度设计和落实等情况的意见和真实想法。其次，抓住根本任务。立德树人是教育的根本任务，立德树人的成效更是检验高校一切工作的根本标准。要落实好立德树人的根本任务，离不开高校思想政治工作队伍，这一队伍的主体除了思想政治理论课教师、党政干部、共青团干部和班主任，还有离学生最近的人——高校辅导员。高校辅导员是开展思想政治教育的骨干力量，肩负着立德树人的重要职责，但在具体实践中会面临诸如角色冲突、职责泛化等问题，亟须党和国家在作高校辅导员制度顶层设计时充分考虑这些问题。最后，制定监督反馈。制度执行力不佳始终是高校辅导员制度化建设的痛点，要强化制度意识，提高制度执行力，必须要制定制度的监督和反馈机制，从国家层面重视高校辅导员制度在实施过程中的具体情况。制度的制定不是为了贴在墙上观看，而是要把已经建立的制度落到实处，制度化的过程才算完成，制度的价值才能得到充分体现。我国出台的一系列辅导员相关的政策文件对高校辅导员工作及辅导员队伍建设都具有鲜明的导向作用和实践要求，然而制度的"稻草人化"依然存在。可见，在顶层设计中制度的监督和反馈机制尤为重要，可以对高校辅导员制度的执行情况展开自上而下的多层次、全方位监督，定期对辅导员制度落实情况进行对照检查，从各个层面和各个环节进行自查，通过工作汇报的形式向上反馈。同时，开通多渠道举报平台，实现线上线下相结合的协同联动机制，确保高校辅导员制度真正落实。

学校作为高校辅导员专业化发展的基地和依靠，要对国家层面的制度认真领会，根据制度精神，结合本校实际，出台配套的政策和措施。例如，在落实《普通高等学校辅导员队伍建设规定》方面，学校应该落实好学校层面的"双线晋升"制度，以及辅导员招聘、辅导员培训、辅导员考核等方面的制度；根据《高等学校辅导员职业能力标准（暂行）》的相关要求，学校应该出台关于高校辅导员职业能力提高的标准与制度；根据对高校辅导员初、中、高三个层级的认定标准，出台对新入职、工作满 5 年及 5 年以上的高校辅导员的考核标准体系，并且在高校辅导员培训方面加大力度，使高校辅导员在专业知识方面的提升达到预期目标。

（二）学校优化关于辅导员制度的内容体系

全国高校辅导员职业技能大赛是辅导员实践、锻炼成长的重要平台。学校应做好配套工作，制定出全校辅导员职业能力大赛的选拔与比赛规定。类似规定能够让辅导员在校内得到实际的锻炼，并能选出优秀的辅导员参加本校、地区性、全国性辅导员职业能力大赛，让他们在比赛中得到训练，以赛代训，从而不断深化、巩固专业知识，提升专业能力。

1.规范高校辅导员配备与选聘制度

高校辅导员的数量规模、素质结构都直接影响高校辅导员队伍建设的质量和开展大学生思想政治教育工作的水平，新时代高校辅导员制度必须严格落实辅导员配备要求和选聘标准，严守入口关。

要严格执行高校辅导员 1：200 的比例配备要求和原则。教育部《普通高等学校辅导员队伍建设规定》中对高校辅导员配备制度作出了明确规定，高校必须依据文件标准，按照院系的学生人数统一配备一定数量的专职辅导员，同时应严格把控辅导员的来源和构成。要达到 1：200 的配备要求，首先要保证辅导员数量充足，高校一般通过公开招聘的方式充实辅导员队伍，将招聘要求和原则挂至学校官网，应聘者可通过线上提交材料的方式报名，经过材料初审、笔试、面试层层选拔实现辅导员队伍的扩充。同时，高校还可以选聘优秀在读研究生和专任教师担任兼职辅导员。辅导员数量充足后，就要严格执行教育部文件规定对高校专兼职辅导员的配备和结构要求。通过历史梳理可以看到，不同时期对辅导员的配比都有明确的规定，这既是高校辅导员队伍建设的重要基础保障，也是进一步强化高校在落实辅导员制度上要坚持的底线思维。要确保新时代高校辅导员队伍建设的质量，无论从国家层面、省市还是高校层面都要严格贯彻落实教育部《普通高等学校辅导员队伍建设规定》，严格按照 1：200 的师生比例配备专职辅导员，形成专职与兼职相结合、专职为主的辅导员队伍。对于各高校配备制度的具体落实情况还需要加强考核监督，以防止高校在辅导员队伍人数配备上打折扣。

做好选聘工作，严守高校辅导员入口关。高校辅导员作为离学生最近的人，肩负着立德树人的重要使命，高校辅导员队伍的质量将直接影响到思政工作和其他各项工作的开展和成效。因此，必须做好高校辅导员的选聘工作，规范选聘标准、严守入口关，选聘一批高素质、有情怀、能力强的人才以充实辅导员队伍。纵观高校辅导员制度发展，每一项文件的出台都对高校辅导员的选聘作出了基本要求，政治标准始终是首位，选拔出德才兼备、品学兼优的高素质辅导员是根本要求。随着时代的发展和高等教育的变革，高校辅导员的职业化程度逐步提升。自 2004 年起，"政治强、业务精、纪律严、作风正"已然成为辅导员选聘的首要标准，同时对其学历水平、业务能力、知识储备都作出了严格的要求，辅导员的选聘更加注重专业化和专家化。自 2019 年以来，高校辅导员被正式纳入思想政治理论课教师队伍，对高校辅导员和思政课教师就有着同样的标准和要求，即要做到"三为、六要、八统一"。

2. 优化高校辅导员发展与培训制度

2020 年，教育部思想政治工作司在其工作要点中，针对辅导员队伍职业发展的"天花板"现象提出，要建立完善的职业发展体系和岗位职级的晋升制度，不断提升辅导员的职业待遇、获得感和幸福感。根据教育部《普通高等学校辅导员队伍建设规定》，各高校需严格按照高校辅导员三级培训体系，为辅导员提供研修深造、挂职锻炼等机会。在制度设计上，党和国家运用政策指导高校辅导员的发展与培训，以解决发展与培训过程中存在的问题。在具体行动上，需立足于实践层面，优化高校辅导员的制度，最大限度地利用一系列方案帮助高校辅导员增强自身的职业能力和提升高校辅导员的专业化水平。

完善高校辅导员的培训制度。高校辅导员的培训制度包括对培训对象、培训课程、培训学时等方面的具体要求和设计规定。目前，以国家级、省级、校级为主的三级辅导员培训体系已经形成，但在实践过程中培训形式有待进一步丰富、培训内容有待进一步优化、培训教程有待进一步更新。首先，要丰富培训形式。高校辅导员的培训形式需立足于实践层面，贴近高校辅导员的现实需求，运用线上线下相结合的多种方式方法，给予高校辅导员更多培训的机会和选择。其次，要优化培训内容。目前高校辅导员的培训内容按照职业能力标准的要求进行设定，主要围绕九大职责，包括政治学习、业务能力、专项技能等板块，但内容之间缺乏有效衔接，需制定更具层次和针对性的培训内容。最后，要更新培训教程。现阶段大学生思想政治教育工作的重点、难点问题越来越多，要从问题出发，深入调研当前高校辅导员的培训教程，通过不断更新教程内容，帮助辅导员在实践中将其转化为自身的工作能力，从而推动高校辅导员队伍的高质量发展。

优化高校辅导员的发展制度。发展制度是在明确辅导员"双重身份"，在双重管理和双线考核的基础上实现"双线晋升"，有助于促进高校辅导员专业化、职业化和专家化发展。高校辅导员可以按照教师的职称标准和要求评聘助教、讲师、副教授、教授，同时，辅导员的行政级别也可以根据具体任期和工作考核实现同步晋升。学校设立专门的聘任委员会，出台符合高校实际情况的具体的专业技术职务（职级）文件，评聘晋升标准要以高校辅导员的育人实效、工作业绩和科研成果为重点，深刻考虑辅导员工作的特殊性，要以定量与定性相结合的方式对高校辅导员进行条线考核，避免"一刀切"的现象出现。目前，很多高校开始设立正处级、副处级辅导员岗位，进一步拓宽了辅导员的行政级别通道。优化高校辅导员的发展制度，旨在真正实现高校辅导员的"双线晋升"，而不是陷入"僧多肉少"的境况，或仅以科研成果作为量化考核晋升的条件，使高校辅导员的专家化指日可待。

3.完善对辅导员队伍的绩效考评

（1）辅导员队伍建设

辅导员队伍建设的考评包括对团队中的人员结构、成员分工、育人目标、经费保障等方面进行考核。人员结构上，辅导员队伍由专职辅导员和兼职辅导员组成，辅导员队伍负责人最好为专职辅导员，且于思政相关领域有一定的学术造诣，兼备一定的组织管理能力，专职骨干辅导员是构成辅导员队伍的核心力量，成员应至少有5人以上，以保证能够顺利开展团队活动。制度建设方面，团队成员间分工要合理，成员之间责、权、利要明确，做到互帮互助、互相提高。且团队的良性发展离不开制度落实及资金支持，辅导员队伍要能有充足的资金保障辅导员用于专业培训、思政建设、教材出版等方面的支出。

（2）辅导员队伍运行

辅导员队伍运行的考评主要从学管改革、职责研讨、资源整合、思政课程等方面进行考核。辅导员队伍的建立，本质上是改变传统各自为政的现象，目标是融合教师资源、统筹育人工作。辅导员队伍在运行中要经常开展职责研讨，以集体的智慧完成学生案例研究。辅导员队伍在教科研方面也要有所作为，能结合学校特色打造出具有自身特色的思政学管队伍样板。在落实"课程思政"方面，主动将社会主义核心价值观、优秀传统文化等知识融入基础课及部分专业课教学中，落实立德树人的根本任务。

（3）辅导员队伍运行效果

辅导员队伍运行效果的考评包括团队文化、社会服务和学生满意度三方面。团队文化是辅导员队伍的灵魂，是团队成员的精神动力。团队文化能促进辅导员间的友谊，营造出和谐向上的文化氛围。另外，专业的辅导员队伍是人才培养和思政育人的重要举措，可以通过团队优势提升社会服务能力，以志愿活动等方式走出校园，服务当地社会的经济发展。辅导员队伍要将对学生的思想辅导和生活辅导结合起来，在思想引领、学业择业、生活交友等方面对困难学生进行个性化帮扶，帮学生系好人生路上的"第一粒扣子"。

（4）对辅导员个人的绩效考核

对辅导员个人的绩效考核立足于以下三个方面。第一，师德师风。师德师风是对辅导员队伍中辅导员个人考评的首要指标。作为德育工作者和学生一线活动的直接指导者和管理者，辅导员的师德师风直接影响到本人工作态度和育人质量，影响到学生的"三观"定位和思维模式。第二，教学效果。对辅导员队伍中辅导员教学成果考评主要包括育人业绩、辅导员自身比赛获奖和指导学生获奖，优秀的网络文化成果也应纳入专职辅导员的科研成果统计范围。辅导员要积极参与思政相关学科领域的学术交流活动，参加校内外职业能力相关比赛，同时鼓励辅导员指导学生参加各类竞赛，将辅导员个人获奖和指导学生获奖作为辅导员教学成果体现的一种重要方式。第三，科研成果。科研工作量是考评辅导员专业能力的方式之一。辅导员的科研工作包括辅导员承担的科研课题、论文、教材、论著、专利等。科研课题分国家级、省部级、厅市级和校本级。对辅导员的学术论文考评，要从论文的质量和数量两方面考虑，首看论文发表期刊的属性和级别，再看期刊影响因子，最后看引用率和下载率。对辅导员的教材论著考评，要注重从思想政治教育领域进行认定。

（三）学校明确对高校辅导员待遇等方面的规定

为确保高校辅导员能够安心工作，学校应该对高校辅导员参与专业化发展的过程及结果给予物质与精神的激励，为高校辅导员主动实现专业化发展提供外在的精神动力。形成校内辅导员评价制度，对高校辅导员的专业化发展的行动过程能够及时加以诊断，并根据查找到的问题及时改进。学校领导、学生工作部门领导与辅导员共同分析现状，制定行动目标；在辅导员专业化发展过程中尽可能地提供帮助与支持，并不断调整行动目标；与辅导员一起分析行动结果，特别要分析问题，哪些方面实现了，哪些方面没有实现，查找问题产生的原因并根据原因改进方案等。

纵观中华人民共和国成立以来高校辅导员制度的历史发展，能够看出高校辅导员队伍存在很强的流动性与人员流失现象。任何职业均无法避免人员的流动与流失，辅导员这一职业也是如此。但大学生思想政治教育的有效开展离不开一支稳定的高素质辅导员队伍。因此，要进一步落实高校辅导员的管理和考核制度，有效实施激励制度和退出机制，实现有用的管理和有效的考核。

落实高校辅导员的管理制度，应有效实施激励制度和退出机制。首先，实施高校辅导员的激励制度。所谓激励制度，就是以制度化的激励方式对高校辅导员进行表彰和奖励，以典型示范引领为依托，使高校辅导员更具获得感、幸福感和归属感。一直以来，党和国家都十分重视高校辅导员的表彰和典型推广工作。"高校辅导员年度人物"评选对高校辅导员队伍中出现的典型与先进事迹作了进一步展示，通过辅导员人物的典型推广和展示，不仅能够让社会加深对辅导员这一职业的了解和认可，同时能够进一步解决辅导员缺乏职业归属感的问题。现阶段，社会上对高校辅导员群体仍有一定的偏见和误解，高校内部的教师时常认为辅导员的主要工作职责就是管理学生事务，工作缺乏专业性和技术性。因此，有效实施激励制度可以进一步激发高校辅导员的内在驱动力，使他们更加积极主动地投入工作中。其次，严格实施高校辅导员的退出机制。高校辅导员自新生入学开始就陪伴学生不断成长，引导学生健康发展，辅导员始终具有开展思想政治教育工作的天然优势，他们应该最大化地发挥育人的作用，以提升大学生思想政治教育的工作实效。同时，高校辅导员的师德师风也将直接影响育人工作的开展和学生对高校辅导员的认可程度。教育管理相关部门需加大对高校辅导员实际工作的监管力度，对有渎职、作风等问题的人员严格实施退出制度，果断调离此岗。严格的制度实施力度将有效保证高校辅导员队伍的先进性和纯洁性，确保大学生思想政治工作的有效实施。

落实高校辅导员的考核制度，应坚持定性考核与定量考核相结合的原则。根据文件要求，辅导员的考核评价工作是由学生工作部门、人事、院系和学生共同参与的，考核结果也将进一步影响辅导员的奖惩和晋升。但在实际实施过程中，往往以双重管理为主，即采取学生工作部门和院系双线考核的方式进行，考核指标难以明晰、评价方式过于单一等都不利于形成科学的考核结果。实践证明，单一的考核标准对高校辅导员特殊性的工作来说是不合理的，工作实绩、育人实效、科研成果等考核内容要根据实际情况制定科学合理的考核指标体系，要坚持以定性和定量相结合的原则，实现二者的优势互补。例如，对于辅导员的师德师风、育人实效等可以主要运用定性的考核方式，对于辅导员的工作实绩、科研成果可按照具体内容设定量化的考核指标，考核指标要能够真实反映出辅导员工作和科研的成绩，防止考核形式化和片面化。

二、完善高校辅导员专业化发展的组织机构

高校辅导员专业化发展的第一推动力来自学校，因此要在学校范围内形成强大的组织效应，主要是通过发挥组织机构的作用，在学校内部形成辅导员专业化发展的"压力圈"，通过建立适当的目标体系，根据目标体系制定相应的奖惩措施，不断调整目标定位，保持压力氛围。

（一）学校的组织领导与体制保障

1. 学校组织领导

学校在辅导员专业化发展中发挥组织领导作用，要做好以下几个方面的工作：第一，学校要针对高校辅导员专业化发展这项任务成立高校辅导员专业化发展领导小组。校党委书记应为高校辅导员专业化发展的第一责任人，学生工作职能部门负责人为副组长，各院系书记、副书记为组员，负责各项工作的组织落实、指导、监督。第二，学校通过领导小组，出台高校辅导员专业化发展的总体发展规划，再进行认真的贯彻落实，以此促进各项工作顺利进行。同时，学校邀请相关领域的专家和优秀高校辅导员与本校辅导员做交流，发挥高校辅导员指导引领作用，提供改进意见。第三，学校分层次指导辅导员专业活动并进行反思、改进、研究。通过开展专题学习、提供专业资料、督促导员开展阅读并将阅读收获落实到在实践活动中，以此实现从理论到实践的转化。第四，学校为高校辅导员提供各类学习的机会，重视学习型组织的建设，鼓励其自我学习、终身学习，使其通过学习掌握足够的专业发展理论，获得最新的专业发展知识。

2. 体制保障

学校为高校辅导员的专业化发展提供体制保障，应该做好以下几个方面的工作：第一，实施工作的考评制度。把辅导员专业化发展的情况纳入辅导员年度考核，把是否促进辅导员专业化发展作为评聘和奖惩的依据，把辅导员专业化发展纳入个人业务考核，跟工资和资金分配方案挂钩。第二，实行例会制度。通过定期召开专门的会议，对高校辅导员专业化发展的相关工作采取及时跟进、总结、评估等措施，及时发现问题与不足。第三，落实好培训制度。根据教育部要求，各高校要落实好培训工作，建立长效机制，保障培训实际效果与质量。第四，制定监督制度。由家长、学生、教师代表组成家校联合会，对学校辅导员专业化发展工作进行监督和评估，同时校内教学工作质量管理部门做好质量监控工作。

（二）学校为辅导员专业化发展搭建平台

学校搭台，辅导员唱戏。高校辅导员的专业化发展，需要学校提供舞台与空间。

1. 通过举办专业活动来提供辅导员展示才能的舞台

高校辅导员参加全国高校辅导员职业技能大赛，需要在学校层面得到锻炼。学校应组织好学校层面的培训培养工作，在学校内部定期举办辅导员职业技能方面的比赛，在比赛中把优秀的辅导员选拔出来，参加地区性或全国性的辅导员比赛。

2. 培养高校辅导员的反思能力

反思是高校辅导员专业化发展的关键，对反思出来的经验与知识，高校辅导员要能够平等地进行交流。学校要在这方面花功夫，为他们搭建平台，提供机会，提供可操作的机制。比如，树立"反思镜子"，鼓励辅导员做好专业化发展的行动录像、录音、角色扮演、行为目录和量表、叙述故事、观察记录、个案、教案、日记、小结等，让"照镜子"成为一种必须，"照镜子"的标准（学校层面形成的共享价值观，对办学价值观达成共识）成为判断"照镜子"结果的基本标准。辅导员能够通过"照镜子"，发现自己的不足然后加以改进或调整。

3. 弘扬大学精神，为高校辅导员的专业发展注入精神动力

高校要不断建设好大学文化、弘扬大学精神、培育学校校园文化、传承历史传统，让高校辅导员持续浸润在浓厚的学校文化氛围中，获得源源不断的精神动力，以此助力高校辅导员的专业化发展。

（三）学校为辅导员专业化发展提供交流渠道

学校要保证高校辅导员的交流渠道畅通，尤其要保证高校辅导员交流的平等性。

1. 建立校内交流组织

学校要为高校辅导员建立便于交流的校内组织，如辅导员之家、辅导员沙龙等，畅通交流渠道，为高校辅导员在专业化发展过程中交流、分享、纠正自己的经验与思考提供条件。高校辅导员应在学校总体专业化发展目标指引下，根据自身条件制定专业化发展规划，在专业化发展过程中，及时调整专业化发展方向，并且通过反思，把自己所思所想记录下来，形成工作日志，与其他辅导员个体分享自己成功的经验与收获，同时也通过交流让大家共同诊断自己的所思、所想、所获是否存在问题，共同推进辅导员群体的专业化发展进程。

2. 保障辅导员个体的平等交流

持有平等的交流态度比建立交流组织更为重要。高校辅导员个体的专业化发展，在时间上有先后，程度上有好坏，但无论如何辅导员都需要在共同体内展开平等的交流，不把自己的专业化发展经历视为唯一成功的经历，不把自己的思考看作其他辅导员必须遵照而行的标准，而要在平等的氛围里不分男女老少，不分职务、职位高低，毫无压力地说出自己的心声、表达自己的观点、指出存在的问

题。在平等的交流与碰撞中，参与者分享别人成功的经验，吸取别人专业发展的教训，既能帮助自己少走弯路，也能及时纠正大家在专业化发展过程中存在的问题，不断调整专业化发展的方向。

（四）完善高校辅导员制度的保障体系

完善高校辅导员制度的保障体系，一是健全优化高校辅导员制度的组织保障，加强党的领导，坚持各级党委指导，进一步推进部门之间的协调配合。二是健全优化高校辅导员制度的学科保障，加强思想政治教育专业学科建设，快速构建和高校辅导员制度相匹配的研究平台。三是健全优化高校辅导员制度的环境保障，从宏观角度出发，尽力打造尊重高校辅导员的健康环境；从中观角度出发对高校辅导员开展工作创造环境支持；从微观角度出发，打造益于高校辅导员进步的环境。

1. 组织保障实现制度落细、落小、落实

高校辅导员制度的实施要通过健全的组织体系来保障，向上及时汇报高校辅导员制度的落实情况、运行困境等，向下要精准传达党和国家对于高校辅导员制度推行的新政策和新安排等。有相应的组织保障才能促进高校辅导员制度落细、落小、落实，组织保障包括坚持党的领导、加强绩效考核、明确职能分工、协调各机构部门工作、人事安排等。

第一，加强党对高校工作的全面领导。坚持党的领导是组织保障的核心要义，这就要求各级党委贯彻党的教育方针，切实加强对辅导员工作的领导，要把辅导员制度化建设的工作纳入党建工作当中。第二，应加强高校辅导员制度的绩效考核，实行工作责任制，在议事日程中加入此项制度，由党委书记负责对辅导员工作进行考核，切实做好监督工作。第三，在基层高校中，党委应当发挥领导作用，严格落实高校辅导员的配备和选聘制度，做好高校辅导员的能力提升、职级职务晋升和绩效考评等方面的工作，提高辅导员队伍的整体水平。第四，协调各部门的工作。高校辅导员制度的执行和落实往往需要多个职能部门和多项事务工作，不同的组织机构要共同协调配合、联动协作。第五，高校辅导员制度建设的落实和执行还需要一定量的资源投入，在人力、物力和财力上都需要相关部门的支持，从而确保制度的高效运行。综上所述，为促进高校辅导员制度能够落地落实，党的领导、有效措施的实施及各部门、各级党委间的协同合作必不可少。

2. 学科保障提供制度建设平台支撑

纵观高校辅导员制度近年来的发展，党和国家对高校辅导员制度越来越重视，不断加大投入力度，使辅导员制度科学优化发展，其中学科保障在保障体系中占据了重要地位。首先，要加强高校辅导员制度与相关学科体系之间的联系，搭建提供理论支撑和实践指导的桥梁。其次，要重视相关研究平台的搭建，创建良好的研究阵地。

重视相关学科体系的建设。思想政治教育学科自设立以来，一大批高校辅导员重视自身的专业成长，通过攻读第二学士学位、硕士和博士学位不断提升自己的学历，在持续深入的专业学习中，丰富知识储备、强化学科背景，部分辅导员更是成为思政领域的专家。近年来，国内高校思政工作并非一帆风顺，不断面临新情况、新问题。以解决问题为出发点，思想政治教育学科需要进一步加强相关理论的分析和研究，针对大学生的具体实践，为新时代高校辅导员制度化建设提供新的理论和实践指导。同时，针对高校学生开展的思政工作，应当遵循高等教育、人才培养等规律，开展教育学、心理学等多学科交叉研究，从中汲取有效养分，提升高校辅导员制度的科学性与可行性。

重视高校辅导员制度相应研究平台的搭建。2007 年以来，党和国家为高校辅导员建立了一大批培训和研修基地，为高校辅导员制度落地、落实提供了必要的平台支撑。在平台的支持下，高校辅导员通过参加培训和研修不断提升自己的专业素养和职业能力，实现学历和职称的提升。创建和优化高校辅导员制度的研究基地势在必行，以"三化"作为指导目标——专业化、职业化、专家化，为高校辅导员打造专题网络平台，提升辅导员相关学术刊物的影响力，不断提升学术水平，强化学科平台保障。

3. 改进以科学考核为基础的待遇保障制度

在提高高校辅导员待遇保障及增强其工作满意度方面，高校需坚持以人为本，以科学的考核评价为基础，确保辅导员的待遇与职责相匹配。一要完善科学的辅导员工作评价体系。减少领导评价比重，重视学生和同行评价，将偏重于行政工作的执行完成率评价转向基于岗位职责的育人效果评价；坚持定性与定量、过程与结果、显性与隐性相结合的评价原则。二要充分运用考核结果，建立相对公平的薪资待遇制度。在科学考核的基础上，高校应尝试建立对辅导员垂直管理下的一级分配机制或校内院际轮岗制，确保辅导员的工作付出与其实际收入相适应，避免学院间的收入差异影响辅导员的工作积极性；同时还应注重辅导员双重身份的适应性，在岗位编制、经费投入等方面给予辅导员与专业教师均等的机会。

新形势蕴含着新要求，辅导员队伍建设应在理念意识上因势而进、因时而新，与培养时代新人这一向度相契合。一是树立协同理念。思想政治教育的有效开展离不开各要素的信息互通、资源共享。为此，需要全面整合辅导员队伍内外部资源，破除辅导员队伍单打独斗的发展障碍，与其他育人工作形成合力。二是突出融合理念。贯彻"全员化"思想政治教育要求，在教育主体的选择上，将专业教师、职工、校友和社会人员等凝聚起来，群策群力；在内容上注重思想政治教育与专业课程的融合，发挥专业教师的学科优势，实现专业育人和"课程思政"的交融；在形式上注重亲身体验与社会实践，实现思政小课堂与社会大课堂的融合；在载体上注重线下实践与线上新媒体的融合，打造全方位的思想政治教育体系。三是践行差异化理念。要以学生为本，尊重学生的个体差异，做到因材施教、因人制宜。

辅导员的能力素质关乎思想政治教育工作的成效，必须兼顾支撑辅导员业务开展所需知识的多学科性与个人职业发展的专业性，探索创新对辅导员能力素质提升行之有效的机制模式。一是围绕《普通高等学校辅导员队伍建设规定》中的九大职责组建专题工作室或项目组，在发现、研究和解决问题的过程中提升辅导员队伍的专业化职业素养。二是就工作中的难点、重点问题组建研究小组，鼓励思想政治教育相关专业及教育学、心理学、管理学和法学等跨专业的教师参与进来，组成跨学科的协同研究小组，既解决现实问题，也有助于辅导员队伍提升理论水平。三是化整为零，以培训效果为导向，充分考虑辅导员工作的实际需要和特点，构建"日常＋专题""线下＋线上""必修＋选修"的学分制模式，层层推进辅导员工作技能的提升。四是对非思想政治教育相关专业背景的辅导员进行定制化、系统性的业务培训，解决其缺乏专业思维的问题，也为其日后深入开展工作奠定基础。

4. 环境保障推动制度长期稳定发展

首先，要努力营造尊重高校辅导员的良好社会环境。高校辅导员作为高校一线教师，始终贯彻党的教育方针开展育人工作，以学生的全方面发展为己任，培养了一大批社会主义合格建设者和接班人。从宏观层面营造良好的社会环境，即在全社会弘扬尊重高校辅导员的良好风气，形成美好的社会风尚，使社会充分认识到高校辅导员角色的重要性，从而营造出尊重辅导员、认可辅导员、支持辅导员的良好氛围。

其次，要不断改善高校辅导员的工作环境。使高校辅导员制度真正发挥作用的重点是高校辅导员本身，重点是充分调动高校辅导员的热情和主观能动性。高校辅导员的工作不仅要关注学生的学业发展，还需要关心学生生活的方方面面，例如生活管理、心理方面、奖助补贷、学生就业等任务。在完成冗杂的事务性工作后，高校辅导员不仅要注重和其他教师交流沟通，还要接受学校和学院的直接领导和安排。辅导员作为"全能手""救火队"，冗杂的事务性工作占据了他们大部分的时间，他们没有足够的精力开展思想政治教育工作。综合目前高校辅导员工作的具体实践，高校要为辅导员工作创造良好的环境，提供必要的条件，对每个岗位的工作任务作出清楚明确的划分。每个部门需要充分调动自己的资源，并协同其他部门共同完成工作任务。高校党委应该高度重视高校辅导员，做到政治上放心、工作上安心、生活上关心，激发高校辅导员工作的积极性和创造性，进一步提升育人实效。

最后，还要重视职业环境的营造，从而优化辅导员的工作体验感。众所周知，环境对一个人的影响是巨大的，对于辅导员而言更是如此。所以，良好的职业环境可以实现辅导员队伍的高质量发展。为了营造良好的职业环境，有必要激发辅导员的内在活力，使他们成为自身发展的主人翁。首先，从制度层面，党和国家要关注辅导员的专业化、职业化发展，为其提供更多的机会，促使他们进行自我提升。其次，要重视竞争环境的公平性，只有保证环境的公平，才能提升他们的竞争力，打通向上发展的通道，保证发展机会的均等，促使每个辅导员都能获得自我提升和成长的机会。最后，要挖掘高校辅导员的创造能力，促使他们发挥主观能动性和积极性，自觉地保护自己所处的职业环境，珍惜自己的发展空间。

高校辅导员制度化建设的优化路径，以加强高校辅导员制度的顶层设计为基础，以优化内容体系为保障，即规范配备与选聘制度，优化发展与培训制度，落实管理与考核制度，形成集组织保障、学科保障和环境保障为一体的高校辅导员制度保障体系，为推进高校思想政治教育治理体系和治理能力现代化，加强高校辅导员队伍建设，为实现高校辅导员制度向上向好发展提供有益参考。

5.建立科学合理的辅导员晋升与分流制度

（1）建立科学合理的辅导员晋升制度

对于高校辅导员队伍专业化建设发展的研究是以提升高等教育质量为前提的，辅导员队伍专业化建设符合教师专业化建设发展的一般规律。从教师专业化的角度分析和研究高校辅导员队伍专业化建设的问题，既能够丰富高校辅导员队伍专业化的理论，同时又能够加快高校辅导员队伍专业化建设的发展进程。在高校探索研究对高校辅导员实行双线晋升制度，强化辅导员作为干部和教师的双重身份，进一步实现技术职务与行政职级双线共同晋升，把辅导员的教育目标和教育过程、教育成果和学生评价相结合，进一步完善评价机制。因此，在高校的职称评定当中，可让辅导员单独享有评价指标，根据"双重身份、双线晋升"等特殊性，依据不同工龄及个人工作能力确定岗位薪资待遇，使其职级与薪酬待遇得到解决，同时高校辅导员职称职级晋升渠道更加通畅，调动辅导员对工作的积极性，引导高校辅导员不断向专业化、专家化方向发展。

根据党政管理的序列设立：正处级、副处级、正科级、副科级、科员五级辅导员。成立辅导员专门评定小组，组长应为正处级辅导员级别，定期对辅导员进行评定，可按月、学期或按年度进行评定。同时，将辅导员作为后备管理干部进行培养，高校在选拔辅导员领导干部时需注重辅导员的基层管理经历。好的辅导员晋升制度，要有相关的配套机制，从而达到绩效考核与绩效管理相结合。要把握好职位晋升的每一层，严格把控晋升的筛选与准入工作。

（2）建立合理的辅导员分流机制

高校辅导员的合理流动能够保持辅导员队伍的积极性、先进性和活跃性，对其中工作能力突出、思想觉悟高的优秀辅导员，学校可根据辅导员干部选派制度提拔到学校其他行政管理岗位，发挥自身长处，更好地为学生、为学校服务；对于有意向从事高校思想政治教育相关科研工作的辅导员，可在符合相关条件和要求情况下，为其创造从事科研工作的环境；对于想继续深造学习的辅导员，主管领导和学校应大力支持和鼓励，帮助其报考定向博士，毕业后继续返回学校服务学生和参加相关工作；对于一部分不适合从事辅导员工作的，应及时对其培训、沟通和调整，为其选择更适合他们的部门从事管理性工作，这样可以更好地让每一位辅导员发挥自己的长处，用自己最好的一面服务学校、服务学生，同时促进辅导员队伍专业化更进一步发展。

三、营造高校辅导员专业化发展的文化氛围

高校辅导员专业化发展的阶段不同，与之相配套的保障措施也应有所调整。在高校辅导员专业化发展的初期，国家需要在顶层设计方面作出整体规划，学校应在制度、规范方面加以保障。因此，制度和资源方面的保障成为辅导员专业化发展初期的重点。当高校辅导员专业化发展进入成熟阶段后，高校辅导员专业化发展的先例不断涌现，各高校辅导员专业化发展相关制度逐渐完善。相应地，高校辅导员专业化发展的保障也要随之调整，由以往的制度保障转为文化保障，通过文化的引领，让高校辅导员由过去以技术为主转向以精神为主，由外显为主转向以内隐为主。

（一）形成校内共享的辅导员专业化发展的价值观

各高校辅导员专业化发展的行动取向各不相同，这与学校对办学价值观、专业素质结构等基本问题的认识有很大关系。办学价值观是一所学校教书育人的灵魂。一所高校有什么样的办学价值观，就会形成什么样的工作理念与办学思路，进而影响学校的办学行为。同时，学校的办学价值观也直接影响到辅导员的工作理念、工作方式及工作价值观。高校辅导员的工作价值观是学校价值观的直接反映。学校在办学价值观上既要关注学生发展，也要关注教师队伍的发展，这样就会在辅导员群体中逐渐形成一种自我发展的价值追求。当学校内部自我发展的价值追求逐渐向所有教职员工延展，就会成为大家共享的一种自我发展价值观。毫无疑问，专业化发展属于自我发展的一部分。高校辅导员在学校办学价值观的引领下，逐渐关注自我发展并在学校引导下走向自我专业化发展。一旦这种价值追求在全校辅导员群体中形成共识，就能够在全校范围内有力地推动辅导员的专业化发展。

1. 专业化的含义

对于专业化有两方面的含义：一方面，指某一职业人群的整体发展水平和专业性质居于什么水平或情况，可以用"Professionalism"表示；另一方面，指某一普通职业人群通过自身能力的不断提高，逐渐符合专业的标准，或成为专门职业并且得到相应专业地位的过程，可以用"Professionalization"表示。根据以上两种对于专业化概念的解释，本书主要侧重于第二种含义。专业化当中的"专业"是一个社会学概念，它主要指对某一类人进行专业的培训与教育，使其具有高深的专门知识与能力，根据专业的标准进行专门化的活动，来解决生活中的问题，促进社会的不断进步和发展，并获得一定的经济效益及社会地位的一种专门职业。对于"专业"一词，在不同的领域有着不同的理解，也就导致对专业观的理解也有所不同。从广义角度来讲，它可以包括任何一种或一类职业，无论哪种职业都具备其他职业所不具备的特质，同时也都存在着区别于其他职业比较特殊的劳动特点。从狭义角度来看，它特指高校在教育教学过程中的课程组合。《辞海》对"化"的解释是："表示转变成某种状态或性质"。例如，大众化、信息化、电气化，这里不仅包括性质的含义，又包括过程的含义。

2. 高校辅导员专业化的含义

高校辅导员的专业化，从静态角度来讲，要不断提高大众对辅导员的准确认识，使其成为专业人员的同时也能够得到整个社会的认可；从动态角度来讲，做到能够清楚地理解辅导员的专业特征，从而对其进行专业化的培养，使其逐渐成为专业人员。当前，在学术界对于辅导员队伍专业化的认识并没有统一，不同的学者有着不同的见解。部分学者认为，高校辅导员专业化主要是依托于专业的组织机构及终身的专业培训体系，对高校辅导员进行科学的培养与管理，使辅导员在社会学、管理学、心理学等方面进行专业培训的同时，还掌握学生工作领域的专业技能，成为心理健康教育、学生管理与学生生涯规划等方面的专家型人才。还有部分学者认为，高校辅导员专业化主要是在专业归属明确的基础上，依靠专门的学科来不断获得本身存在的发展性空间与合法性，主要是依靠管理学、教育学及思想政治教育学等学科相互融合，确定发展目标，从而培养出学生管理方面的专业性人才。

结合多数学者对辅导员专业化的定义，高校辅导员队伍专业化的内涵应该是在我国法律保护的基础上，依靠专门学科，建立完善培训体系，对辅导员队伍进行科学培养与管理，从而提升其学术和社会地位，促使高校辅导员能够成为学生管理方面的专家型人才。简言之，辅导员队伍专业化主要包含：辅导员自身的专业素养、专业化的培训体系、专业的政策支持及专门制度的保障。

3. 高校辅导员队伍专业化建设的意义

高校辅导员队伍专业化建设的意义全面体现了马克思主义需要理论的特性。在当前社会经济不断变化发展时，以及各高校对人才培养方面的不断转变，作为学生思想政治教育工作的主力军，辅导员在自身发展前途上有着更加多样的发展需求。马克思强调关于全面发展的问题，高校辅导员是高校学生工作中的基层工作者，在大学生的成才培养上扮演着重要角色，高校辅导员队伍专业化建设与辅导员制度研究，对完善高校辅导员制度上具有一定意义。不断加强高校辅导员队伍专业化建设能够进一步提升高校对学生进行思想教育方面的效果，从而使得高校辅导员的职业认可度及辅导员自身工作积极性不断提高，提升其个人工作能力与水平，以满足当今社会对高素质人才的需要。

（1）有利于全面加强高校思想政治教育工作

高校辅导员是大学生思想政治教育工作队伍的骨干力量，其主要工作职责是对学生进行思想政治教育，为学生在大学中的学习活动、日常生活、心理健康、党建与班级建设及大学生就业创业等方面进行服务与指导。由于当前高校辅导员工作任务较为繁重，在各高校中各上级部门都可以对辅导员布置工作或安排其他任务，使得高校辅导员工作职责不清晰，影响其主要工作职责的完成，一定程度上弱化了学生思想政治教育工作的力度。

（2）有利于促进高校的不断发展

国内高校辅导员在整体的性质和功能上与部分西方发达国家高校学生事务管理工作人员大同小异。早在 19 世纪，西方发达国家就提出了高等教育这一概念，经过不断发展诞生出一批现代化大学生，同时提出将高校的学生事务与学术事务分离，进行多元化管理，工作内容也越来越细化，发展到今天已经逐渐成为能够为高校学生提供多样服务的体系。学生事务发展的不断进步促使高校学生事务管理更加专业化，高校学生事务管理人员的专业化可以更好地满足学生的各种需求。西方发达国家在高校学生事务管理方面有着较长的发展历史，且各项管理工作与机制都比较完善，因此我国高校辅导员队伍的专业化建设方面问题可以借鉴国外优秀的经验。

随着高等教育的不断发展，教育部提出要以学生为高校工作的主体，以学生为中心全面进行学生管理工作。因此，高校应当更加关注和重视辅导员的建设工作，大力推进高校辅导员队伍专业化的发展进程，只有推动高校辅导员队伍专业化，才能不断促进高校的发展。

（二）形成辅导员个体主动专业化发展的文化氛围

从现实情况看，当前高校辅导员的专业化发展尚处于起步阶段。对于辅导员专业化发展，绝大部分个体还处于被动状态，只有极少数辅导员能根据自我规划而率先走上专业化发展道路。在自然状态下，人总是有较强的惰性，并不愿意自觉作出改变，这种情况在辅导员专业化发展上表现得较为明显。高校辅导员主动进行专业化发展的意识还比较差，对专业知识、技能缺乏自我设计、自主发展的意识与能力。因此，高校辅导员的专业化发展要保持足够的压力，通过组织的适当压迫推动辅导员走上专业化发展的道路。学校还可以传递辅导员群体间的竞争压力，促使辅导员主动参与专业化发展。由此，学校除了要主动建立一系列专业化发展的制度，为辅导员提供各种发展机会和条件，帮助辅导员形成反思与改进的机制，还应该着力营造良好的氛围，尤其是文化氛围，从而形成有助于个体主动专业化发展的文化环境，使辅导员由被动专业化发展变为主动追求专业化发展。

1. **厘清职责定位**

目前多数高校辅导员超负荷管理学生，事务性工作烦琐。所以，需要高校严格按照比例设置专职辅导员岗位，足额配备到位。在足额配备辅导员的基础上，对辅导员的工作职责进行界定，按照教育部《普通高等学校辅导员队伍建设规定》（第43号令）的九大职责执行，其中辅导员重中之重的工作，也是辅导员最主要的职责，即做好大学生思想政治教育。高校不应该让辅导员在不相关的繁忙事务中消耗过多的时间，而应该建立健全相关机制，促使辅导员工作能够落实到思想政治教育上，这也是辅导员专业化发展最基本的保障。

2. 创造学习条件

高校辅导员的工作内容比较繁杂，是对从业人员专业知识、道德情操和综合素养都有高要求及高标准的工作。例如，高校成立心理健康中心帮助大学生进行心理疏导，提供心理咨询，需要辅导员具备心理辅导的专业知识及资质；就业指导中心负责指导就业创业知识和技巧及对就业困难群体进行就业帮扶，需要辅导员对本专业学生的职业规划具有深入的了解。学校对辅导员划分不同专业领域进行特定的培养，可以使辅导员在工作中进行更加深入的研究与探索，遇到不同问题可以有针对性地提出解决方案。这样不仅可以提升辅导员解决问题的能力，还能通过不断的学习和实践，在实际工作中取得更好的效果。

3. 个体主动发展

辅导员作为高等学校学生日常思想政治教育和管理工作的组织者、实施者、指导者，肩负着立德树人的重任。高校辅导员的工作，本质上是做人的工作，是一项对知识、能力、素质要求都非常高的工作，需要理想信念坚定、能力素质过硬的人来承担。新时代思想政治教育任务面临诸多新情况、新问题、新挑战，经济全球化、文化多样化、社会信息化深入发展，各种文化思潮不断涌现，学生的生活被各种信息充斥。要想肩负起新时代立德树人的重任，辅导员不仅需要有丰富的实践经验，还要有深厚的理论支撑，必须走专业化发展之路，才能不断提升自身的综合素养，才能适应新要求、应对新挑战。

另外，当代社会竞争的加剧给高校大学生带来了较大的压力，有时会使他们陷入迷茫与无助的状态。与中学生多来自同一区域的情况不同，大学生来自不同地域，不同家庭背景、学习基础的学生相聚一起，他们之间不同的习惯与认知在日常交往中相互碰撞，有时会产生冲突和矛盾，在这种情况下，学生会产生诸多困扰，辅导员就要帮助学生解决生活、学习、思想等方面的问题，摆脱成长过程中的困境。而这不是缺少专业知识背景的普通教师可以解决的，也不是思想政治理论课的内容可以直接发挥实际作用的。要做好学生成长的引路人，辅导员必定要在思想政治教育、就业创业指导和心理健康等方面具备专业素养，对学生进行针对性的引导，呵护大学生身心的健康成长，为大学生的未来发展奠定基础。

在这样的文化背景下，高校辅导员自身的学习就显得至关重要了，只有辅导员自身树立个体主动发展意识，才能从被动学习转变为主动的终身学习。

（三）形成辅导员队伍专业化发展的职业理想

职业理想是人们在职业活动中形成的向往与追求。高校辅导员是否具有职业理想，有什么样的职业理想？在以往的历史上，高校辅导员对本职工作的理想是较为淡薄的，因为他们看不到辅导员工作的未来与前途，也找不到实现自我专业化发展的道路与途径。但随着国家相关政策与制度的制定，高校辅导员追求职业理想具有了制度指向。各高校应该抓住机遇，在学校内引导高校辅导员群体树立起共同的专业化发展理想，在学校内形成辅导员你追我赶的专业化发展态势。因此，学校内要形成辅导员群体专业化发展的共同理想，具有共同的愿景。至于要达到什么样的标准，要有什么样的发展目标和定位，每位辅导员在这样的目标与标准要求下，应该通过什么途径、作出什么努力才能达到专业化发展的要求等问题非常重要。

1. 职业理想及其功能

职业理想是人们对职业活动和职业成就的超前反映，与人的职业期待、职业目标密切相关。人们的社会角色总是与一定的行为模式相联系，人们对特定的角色总会产生与之相应的预期，也都希望取得相应的成就。职业理想对实现个人价值、推动社会发展具有重要作用。

社会学家威廉·艾萨克·托马斯（William Isaac Thomas）认为，人们把情境定义为真实的，那么该情境就会成真。当然，从情境定义到梦想成真是有中介变量的，那就是人的主观见之于客观的实践过程。心理学家雅各布·利维·莫雷诺（Jacob Levy Moreno）指出，每个人都扮演着具有高度创造性的角色。[①]职业理想对个人的职业发展具有重要的导向功能、激励功能和整合功能。其中，职业理想的导向功能是指职业理想对个人的职业发展起着定向作用，昭示着个人的职业奋斗目标。只有目标清晰，努力才会有方向，才不会因遇到困难或问题而迷失了前行的路。职业理想的激励功能，是指职业理想能够激发个人的斗志、凝聚前进的力量。只有志存高远，才能充满力量。如果没有职业理想的推动，个人的职业发

---

① 徐卫东，陈开先．现代和谐法治社会结构、有机运转探析——以法社会学视角 [J]．当代法学，2008（02）：3-9.

展就只能趋于平庸。职业理想的整合功能，指的是职业理想能够把人的意识和实践、物质和精神、主观和客观、自身与社会有机统一起来。职业理想能够对工作实践起到升华作用，促使个人把自己的付出转化为助益他人、服务社会的正能量。在此过程中，职业理想也推动着个人在能力、水平、思想、价值、社会关系和文化内涵上的充实、提升和发展。

2. 辅导员职业理想的建构

党的十八大以来，党中央把高校思想政治工作队伍建设提升到全新高度，队伍发展和建设进入了新的阶段，呈现更专业化、职业化和精细化的特征。作为新时代的高校辅导员，有了更为良好的职业发展环境、更为广阔的职业发展空间、更为光明的职业发展前景。高校辅导员要将自己的职业理想建构与教育使命及中华民族伟大复兴紧密结合起来，认清自身所处的历史方位、把握国际坐标、立足中国现实，长远谋划，脚踏实地，落实好立德树人根本任务，为中华民族伟大复兴担当教育使命，培育时代新人。

新时代高校辅导员的职业理想建构，可以从专门化、专业化、专家化三个维度循序渐进地深化拓展。一是立足专门化构建职业理想。新时代高校辅导员要从思想政治工作这个专门的职业领域入手，构建适合自身的职业理想和职业发展路径。思想政治工作是我们党的优良传统和政治优势，是坚持党对教育事业全面领导的具体体现，是学校各项工作的生命线。高校辅导员如果能从坚持党的领导、落实立德树人根本任务的政治高度去认识自己的职业领域，就会对其所投身的专门化职业领域倍感自豪，同时对工作领域的纪律性要求和所需的奉献精神有更为深刻的理解。二是扎根专业化夯实职业理想。辅导员在构建自己的职业理想时要有专业化的定位，深入了解高校辅导员的专业标准、厘清高校辅导员的专业能力和素质结构、涵养高校辅导员所需的专业精神，加入辅导员专业组织，不断提升自己的职业技能和职业素养，为做好高校学生工作夯实专业知识基础和能力基础。三是立志专家化拓展职业理想。辅导员的职业理想的形成有一个不断成长和发展的过程，刚入职的高校辅导员，更多考虑的是如何做才能达到辅导员的职业规范，然后逐步过渡到思考如何提升工作的专业化水平。在工作得心应手之后，高校辅导员应该考虑如何才能成为高校思想政治工作的专家，如何才能在自己的职业领域实现引领，如何才能作出具有开创性的工作实绩。因此，新时代高校辅导员还要不断增强自身的研究能力和创新精神，立志成为本领域的专家，努力为高校学生教育管理工作作出原创性贡献。

3. 辅导员职业理想的意义

人与环境是相互联系的，高校辅导员应从系统视角来规划自己的职业生涯。系统视角强调系统与系统之间的关联性、系统内部的整体联动及微观与宏观的联结。高校辅导员从事的是学生思想政治教育工作，是高校立德树人的重要组成部分。高校辅导员在规划自己的职业生涯时，要对高校系统进行全面而完整的梳理。从辅导员自身看，其职业生涯的起点是院系基层的学生教育管理服务工作。但从高校整体系统的角度看，辅导员工作是管党治校的重要组成部分，是贯通学校部门到广大师生的关键环节。从工作部门看，辅导员工作既与基层院系紧密相连，又与机关职能部门密切联动，所以辅导员在部门之间的流动是相对畅通的，这为辅导员的职业生涯发展提供了更多的路径。从职业属性看，辅导员既是高校党政管理干部，又具有教师身份，在职业规划时则可以考虑在党政管理和教师两方面齐头并进。从工作内容看，辅导员工作包括思想政治教育工作，以及服务青年学生发展的工作等，工作内容多、范围广，具有很强的挑战性，但也充满了发展的机会。如果辅导员能够以系统的视角来规划自己的职业生涯，就能够看到这个职业的广阔发展空间和光明发展前景，就会在自己所从事的这份事业中汲取源源不断的养料。由此，角色紧张就会成为磨砺辅导员能力的试金石，辅导员在职业生涯发展中就不会被角色紧张这个问题所困扰。

四、提供高校辅导员专业化发展的项目规划

以技术为根本标志的专业项目设计与运用是高校辅导员专业化发展的重要标志。运用什么技术，如何运用技术？这需要国家与学校做好有关辅导员的专业项目建设规划，这是专业化发展的重要保障。现代项目化管理是将知识、技能、工具和技术应用于项目中的高效管理方式，它的目的是达到或超过利益相关者的需求与期望。20世纪80年代，起源于美国国防项目的计划管理方法的项目管理，其应用已经延伸至社会生活的方方面面。高校辅导员的专业化发展可以依托项目化管理来保障专业化发展的实施。项目化管理对增强高校辅导员专业化发展具有重要意义。第一是运用现代科学技术的需要；第二是高校辅导员职业能力提升的需要；第三是形成专业发展的良好管理制度的需要。高校辅导员围绕项目提升专业能力与素质，各类项目在实施过程中会形成一些规范化的管理规章与制度。如果辅导员能够在每一次项目活动中加以提炼总结，那将会形成辅导员专业化发展可遵循的普遍法则。

高校辅导员要想实现自身专业化发展，为学生提供专业指导与服务，具备核心职业能力是必需的选择。围绕具体学生工作项目提升职业能力，是将培训所获取的知识与技能进行再锻造，使其内化为自身的职业素养，进而通过项目行动，积累经验、增加个体知识、提升专业能力的循环往复的过程。在这个过程中，我们应该遵循的具体方法主要有以下几个方面。

（一）根据项目选择学习内容

根据项目学，带着目的学，把与项目有关的知识需求找出来，为了完成项目而有针对性地学习知识，而不是在培训过程中漫无目的地接受所有与高校辅导员工作相关的知识，这样就提高了知识获取的目的性与针对性。根据项目学习，有的放矢，让知识迅速得到转化，是高校辅导员职业能力提升的重要方法。

（二）根据项目形成个人经验

高校辅导员开展学生工作，始于个人经验而不是知识。新进入工作岗位的高校辅导员应根据自己对学生工作的理解、接受的辅导员理论培训，积累个人经验。以个人经验为起点的辅导员工作模式会导致高校辅导员在工作中一旦面对复杂的问题，便会感觉到经验不足、能力不够。在完整经历一次又一次、一个又一个工作实践、解决不同问题之后，辅导员会收获自己的个人经验或教训，这种从经验开始到经验结束的过程，会使辅导员获得经验的积累和能力的提升。

（三）根据项目总结诀窍知识

高校辅导员在项目实施过程中通过实践、反思，能够积累丰富的经验，具备足够胜任工作的能力。他们对解决具体问题形成"个体知识"，尤其是解决关键问题的"关键知识"，我们不妨称之为"诀窍知识"。这种"诀窍知识"有别于专业知识，常常体现为一种不可言说的"默会知识"，甚至具备这种知识的专家型辅导员自身都没有意识到这种知识的存在，这是个体的一种心理特质，需要专门挖掘、整理才能形成可以传递的诀窍知识。高校辅导员在项目化工作中，尤其在解决关键问题中形成的诀窍知识，经过挖掘整理，或通过交流、思想碰撞、头脑风暴，可以传递给其他高校辅导员，这对于高校辅导员职业能力提升具有重要意义。

（四）根据项目挖掘具体案例

学生工作案例是有效的学习资料，是处理学生工作时遇到的一些具有普遍意义、典型特征的疑难问题，是运用某些原理、方法、策略，对具体工作情境的描述与反映。辅导员开展学生工作形成的案例，其中渗透的工作理念、工作方法、具体措施，是可供更多辅导员学习借鉴的宝贵资料。从工作项目中提炼出案例，与具体项目结合形成完整的材料，在高校辅导员中传递、分享，这是提升职业能力的重要方法。

五、做好高校辅导员专业化发展的评测保障

高校辅导员专业化发展需要实施评测与反馈来保障质量及成效。专业化发展的效果如何，专业化发展的辅导员能否提供更好的专业服务，专业水平与能力是否得到提高，都需要实施检测与评估，并建立恰当的反馈机制，以期更好地促进专业化发展。评估评价是特殊的价值判断活动，可以采取动态评估、周期性评价等以有效地获得辅导员专业化发展的信息，并利用这些信息的反馈促进专业化发展的改进与提高。

（一）高校辅导员专业化发展的评测

高校辅导员专业化发展的评测，与工业生产中的产品检测不同。在工业检测中，质量、品质是命脉。为达到标准需要层层把关，将生产流程规范化，因此实施检测与反馈十分重要。而在高校辅导员专业化发展评估与检测中，高校辅导员专业化发展的质量与品质似乎难以量化、标准化，但可以把定性评价与定量评价相结合，对高校辅导员的专业化发展实施评测。第一，建立严格的专业化发展检测评估标准。这是实施专业化发展评测的前提，没有标准就没有评价的客观尺度。建立严密的检测评估标准，可以借鉴国外专业社会学，也可以从工业检测标准中得到启示。第二，完善专业化发展检测评估系统。专业化发展检测评估工作是一个系统工程，不是针对某个环节实施的行为，而是要全程化、全面化实施检测评估。因此，建立强大的专业化发展检测评估系统就十分必要。第三，实施严格的专业化发展评估监测流程。为保障专业化发展的顺利实施，需要对专业化发展的每个环节建立监测体系，避免累积大量问题之后再来解决问题。严格的监测可以结合大数据技术，根据大数据提供的大量信息来实施更为有效的监测。

所谓胜任力，即指在某一工作中能将普通人与有卓越成就的人区分开来的具有深层次的特征，这种胜任力可以分为自我形象、动机、态度、行为认知等可以被可靠估量出并且能显著区分一般与优秀的个体特征，此概念最早是由哈佛大学著名教授戴维·麦克利兰（David McClelland）在 1973 年提出的，对于新时代任

何一项管理类工作都提供了重要的理论机制。对高校思想政治工作会议讲话精神的领会，也可以结合胜任力理论机制。从胜任力角度出发，第一，要严格把关辅导员选入标准，添堵招聘体系的漏洞。详细考察应聘人员的工作背景、学历、在校经历与言语组织能力，与此同时，还要注重考查应聘人员的政治导向、应聘目的、职业规划，鼓励辅导员团队成为坚固的后备体系。第二，要完善辅导员培训系统，提升辅导员的工作效力。面对处于各个阶层的辅导员，要进行量身定做的培训，首先要对学生的烦琐日常、知识技能、心理活动、职业规划等方面进行培养。第三，上升到更高的阶段，培训其良好的交流能力、职业规划能力、组织学习能力及职业信仰能力，随后再对价值观、综合运用能力、科研水平、职业操守进行培训。第四，构建淘汰体系。高校可以与辅导员签署一个学期的合约，学期末对辅导员的成绩进行考核。对于考核成绩优秀并有留任意向的辅导员，可以续签并享受优厚待遇，对于考核结果不理想的辅导员，可以协商离开原岗位。另外，对考核结果合格但是没有留任意向、学历与科研条件符合教师规格的辅导员，可以从充分发挥个人价值角度进行考虑，以尊重个人意向为基础，将其调换岗位，为辅导员的发展前景提供更多可能。

（二）高校辅导员专业化发展的反馈

在做好检测的基础上获得相应反馈。做好高校辅导员专业化发展的信息反馈，要做好以下两个方面的工作：第一，要畅通反馈的渠道。对于辅导员专业化发展的评测结果，如何反馈给高校辅导员个体，这需要形成多样化的反馈通道，如面对面反馈、纸质反馈、电子信息反馈等，使高校辅导员个体能及时把握自己专业化发展的实际情况。第二，要根据反馈及时调整发展策略。当我们把高校辅导员专业化发展的信息，通过适当的渠道，反馈到高校辅导员个体之后，高校辅导员要能够及时作出调整。只要能及时发现问题，根据反馈的信息加以调整，就能更好地促进专业化发展，这也是信息反馈对专业化发展发挥重要保障作用的体现。

第三节　辅导员专业化发展的创新与展望

一、创立社会化的辅导员协会

社会分工将社会活动划分为各个相对独立的活动空间，同时也更加强调各个领域之间的相互联系与沟通，形成既多元化又相互联系的社会活动，社会化为高校辅导员队伍提供必要的指导方向、广阔的社会平台和良好的社会声望。

高校辅导员队伍专业化建设不仅需要专业的群体支持，同时也离不开社会化的组织支持。作为一名专业人士应该积极参与专业组织，成为组织会员，交流探讨当前的热点、难点，在组织中不断提升自身水准，借以提升组织的整体业务水平。在加强内部交流的过程中，集思广益地将个人感悟整体汇集成工作经验，再经过专家学者的学术加工，进而整理出具有本专业特性的系统理论。我们不难发现，设立高校学生事务管理协会是加强高校辅导员业务能力、推进高校辅导员建设的一条行之有效的道路，在协会中可以积极利用各高校的学术资源和实践经验，群策群力、加强沟通，借以共同推进我国高校辅导员队伍建设的专业化、科学化。

纵观近些年来我国高校辅导员的发展历程，国家在推进辅导员队伍建设发展中也做出了不少努力和成绩。在参照西方发达国家先进经验的基础上，我国很多地方也建立了辅导员联谊会组织，以及每年也在一些知名师范院校举办高校思想政治教育专项研讨会等。复旦大学成立的全国首个高校辅导员协会，规定了明确的人员准入制限制，制定了明确的职责规范。但是纵观全局，类似于此类的交流平台目前仍然呈现小范围、低标准、松散组织结构的特点，还不能与西方发达国家的行业协会一样发挥出强有力的指导、指挥、协调作用。因此，由国家相关部委和全国知名高校牵头，建立相关涉及范围广、行业标准高、学术能力强的团体协会也是当前高校辅导员行业发展的一项出路。另外，可结合目前"互联网＋"的趋势，高校通过网络媒介建立官方网站、官方微博、官方微信公众号等，结合学生认知特点和互联网高效的优势打造高校思想政治教育新媒体。这其中值得一提的是，当前微信的传播速度快、范围广、影响力度大，高校可以通过微信公众号的推送服务，来吸引更多的辅导员参与其中。例如，现有微信公众号"高校辅导员联盟"，包含重要文件推送与解读、书籍连载、心得分享、科研分享等服务，帮助关注者在第一时间了解信息、分享信息。

二、构建科学的辅导员工作理论体系

高校辅导员是学生教育的组织者和学生事务的管理者，工作内容千头万绪，工作职责丰富多样。同时，目前我国高校辅导员的工作职责不清、分工不明，导致工作效率低下，工作积极性不高。怎样从繁杂的学生工作中跳出来，找出工作重点、找准工作方向、细分工作职责，就需要构建一套科学有效的工作理论体系，将辅导员的工作进行整理和分类，并根据辅导员自身的特长进行工作职责的合理划分。对于辅导员工作理论体系的构建，应从以下两个方面入手。

首先，厘清工作重点。辅导员一直以来都被认为是学生的"保姆"，做的都是照料学生生活的琐碎杂事，这与辅导员设立之初的目的背道而驰。辅导员设立的目的是开展思想政治教育工作，引导大学生实现自身德、智、体、美、劳的全面发展。因此，针对目前大学生自身的特点，辅导员应该将工作的重点放在大学生思想的引导、心理的辅导和职业发展的指导上面，不能让大量的学生工作淹没更为重要的教育引导功能。同时，学生事务管理工作也是工作内容之一，不能完全弃之不顾，应当将这几个方面的工作内容进行合理的梳理，建立健全一整套工作理论体系，具体指导辅导员工作。

其次，细分工作职责。梳理工作内容、厘清工作重点是高校辅导员做好本职工作的基础，是工作方向的理论指导。在此基础上，将辅导员的工作职责进行细致的划分，使辅导员各司其职、各负其责才是工作理论体系构建的关键。因此，作者建议根据辅导员工作的内容和辅导员的自身优势来划分工作职责，形成专项负责制的辅导员工作体系，如设置专门的思想政治教育辅导员、心理咨询辅导员、就业指导及学生事务的辅导员等。对于各个专项的辅导员，应加以专门的培训来提升他们的专项知识和技能，比如学校可与有关部门合作，对辅导员进修的心理咨询师和职业咨询师等专项职业的能力与水平加以评定，以此来提升辅导员在这一专项的专业化水平，使其更好地完成自身的专项工作。通过这样工作职责的细致划分，院系内辅导员之间也将形成良性的合作状态，避免出现因工作职责划分不清带来的工作推诿、奖惩不明的情况，促进辅导员工作的顺利开展及整个辅导员队伍水平的有效提升。

科学的辅导员工作理论体系，会告诉辅导员应该做什么、该怎样去做、如何能够做好，对辅导员工作具有指导性意义。通过对工作重点的梳理及工作职责的细致划分，辅导员的工作将层次分明、重点突出，摆脱过去工作繁杂无序的状态，不仅有利于对学生进行更加专业化的专项指导，也有利于自身专业化水平的提升，为个人未来的多元化发展拓展了空间。

三、抓好理论基础，塑造师德师风

辅导员作为与大学生接触最多的基层高校管理者，作用不容小觑。而近年来，教育部、各大学关于辅导员队伍建设的文件和措施都有不少，这也能看出辅导员队伍建设的重要性在增强。那么如何让广大学生以辅导员为标杆呢？关键在于丰富的理论知识、扎实的专业基础。夯实能力基础、强化系统培训是目前最有实效的方式之一，开展分层次、分批次培训，选派优秀辅导员参加教育部高校辅导员高级访问学者研修班。在学历方面，鼓励辅导员提升学历学位层次，辅导员工作满 3 年即可申请在职攻读思想政治教育专业博士学位。抓好理论基础，鼓励辅导员申报各级党建思政课题，每年划拨专项经费支持辅导员团队开展大学生思想政治教育研究。

教师是辛勤的园丁，肩负崇高的使命。传道者要自我明道，有信仰。高校的教师要秉承教育者先受教的理念，积极成为思想文化的弘扬者、党执政的拥护者，担负起学生茁壮成长的领路人的重担。一方面，"德高为师，身正为范"，师德是教师教书育人时一直以来坚守的底线及应有的崇高品质。学生的思维模式、道德情操和道德行为习惯的养成被教师的理想信念、道德品质、人格魅力影响着。师德可以改善教书育人过程中的烦琐关系，这也是每一位教师秉承的品德。高校理应将"强化师德、铸造师魂"作为办学宗旨，强化辅导员的职业品质与思想品质，令辅导员成为具有师德修养的模范，能够在师生综合素质中起到示范引领的作用。另一方面，学校要大力发展资源，营造教职工团队和谐、团结的工作气氛，利用思想政治程度选取合格的辅导员，为更多辅导员提供高效、优质的服务平台，带动学生积极参与各个教师的研究课题。同时，高校也要组织开展辅导员备课、赛课等活动，为辅导员打造可以展现自我风采的职业平台，使辅导员之间达到优势互补的最佳效果。

四、辅导员专业化发展的展望

但是，高校辅导员的专业化发展毕竟是一个长期的过程，没有人能够设计出一套完美的方案，一劳永逸地解决高校辅导员专业化发展的所有问题。自 2006 年国家提出辅导员队伍建设的职业化、专业化、专家化建设的要求以来，在 10 多年的时间里，高校辅导员专业化发展的成绩是有目共睹的。我们完全有理由相信，在各高校的主导下，辅导员会自觉自愿地投入专业化发展，在不久的将来我们将能看到：各高校辅导员争相进行专业提升、学生获得专业指导，社会主义高校欣欣向荣的良好局面如百花竞放，盛况空前。

参 考 文 献

[1] 王仕勇，陈松，刘富胜. 新时代高校思想政治工作研究 [M]. 成都：西南财经大学出版社，2019.

[2] 邵维正. 筑梦新时代 [M]. 青岛：青岛出版社，2020.

[3] 王向志. 习近平新时代民本思想的三个维度探析 [J]. 怀化学院学报，2021，40（6）：1-4.

[4] 高张. 中国共产党百年来领导民生建设的实践历程与经验启示 [J]. 党史博采（下），2021（12）：24-27.

[5] 王丽娟. 着眼国家战略需要稳住"三农"基本盘 [N]. 中国经济时报，2021-12-28（1）.

[6] 延雨霞. 习近平关于"立德树人"思想政治教育重要论述研究 [D]. 西安：西安科技大学，2020.

[7] 李健芸. 主题·本质·特征——关于把立德树人作为根本任务的论述 [J]. 黑龙江教师发展学院学报，2022，41（1）：99-101.

[8] 李旭锋. 中国共产党领导高等教育百年发展的历史演进与经验启示 [J]. 国家教育行政学院学报，2021（12）：3-9+18.

[9] 王建华. 论"高等教育理论"的建构 [J]. 清华大学教育研究，2022，43（1）：12-22.

[10] 聂永江. 历史制度主义视域的高校辅导员制度变迁研究 [J]. 黑龙江高教研究，2021，39（7）：59-63.

[11] 郭春雷，马富春，王娜. 辅导员手册 [M]. 石家庄：河北人民出版社，2015.

[12] 孙颖. 大学生思想政治教育环境研究 [D]. 锦州：渤海大学，2020.

[13] 陆凡华. 新时期高校思想政治教育中学生获得感提升路径研究 [J]. 大学，2021（44）：20-22.

[14] 张任. 高校辅导员专业化建设问题及其优化研究 [D]. 无锡：江南大学，2021.

[15] 何阳. 大学生心理教育及服务的第三方介入机制研究 [J]. 开封文化艺术职业学院学报, 2021, 41（12）: 95–98.

[16] 岳同辉. 心理教育对高校大学生管理的重要性探讨 [J]. 产业与科技论坛, 2022, 21（2）: 251–252.

[17] 芦琳. 传统文化教育在思政教育中的重要作用探讨 [J]. 汉字文化, 2021(24): 195–196.

[18] 钱金珍. 大学生的特点与高校图书馆服务质量的提高 [J]. 盐城师范学院学报（人文社会科学版）, 2003（4）: 130–132.

[19] 王芸芸. 大学生就业指导课程教学方法探析 [J]. 现代职业教育, 2022（6）: 106–108.

[20] 王刘琦. 高校辅导员谈心教育浅议 [J]. 当代教育论坛（上半月刊）, 2009(10): 56–57.

[21] 吴维均. 新时代高校辅导员的专业发展研究 [M]. 成都: 四川大学出版社, 2021.

[22] 吴琦. 新时代高校辅导员队伍专业化建设研究 [D]. 沈阳: 沈阳师范大学, 2021.

[23] 谢艳丽, 王立柱, 岳莉莉. 双创背景下高校辅导员职业发展与能力提升研究 [J]. 国际公关, 2020（9）: 212–213.

[24] 孙丽丽. 新时代高校辅导员需要具备的几种能力 [J]. 教师队伍建设, 2020（3）: 32–33.

[25] 张建双. 社会主义核心价值观引领高校大学生生活指导的策略研究 [J]. 黑龙江教育（理论与实践）, 2021（8）: 34–35.

[26] 胡昌娃. 推进高校辅导员队伍专业化发展的思考 [J]. 现代商贸工业, 2021, 42（22）: 51–52.

[27] 唐德斌. 职业化背景下高校辅导员的专业化发展 [M]. 成都: 四川人民出版社, 2013.

[28] 王荣钰. 新时代高校辅导员队伍核心素质建设研究 [D]. 西安: 长安大学, 2020.

[29] 刘小嘉. 高校辅导员队伍专业化建设研究 [D]. 大庆: 东北石油大学, 2020.

[30] 宋雪. 高校辅导员队伍专业化建设研究 [D]. 杭州: 杭州电子科技大学, 2016.